职业教育课程改革规划新教材

应用文写作教程

主　编　郭华坚
副主编　杨起生　尹雄娟
参　编　方珠伴　邝金雁　雷　娟　赵　妍
主　审　张方方

机械工业出版社

本书主要针对技工院校学生的学习特点和实际需要而编写。全书共设置竞赛活动、社团活动、庆典活动、职场之路、市场推广、日常文书6个任务，由启事、通知、演讲稿、欢迎词等26个小活动有机组合而成。每个小活动除介绍基本知识及相关写作方法外，还依据实际案例对其格式进行分析和实训演练，形式活泼，内容丰富，具有较强的思想性、示范性和趣味性。

本书可作为职业院校、技工院校公共课教材，也可为社会读者提供应用写作能力训练的参考。

图书在版编目（CIP）数据

应用文写作教程/郭华坚主编. —北京：机械工业出版社，2015.8

职业教育课程改革规划新教材

ISBN 978-7-111-50626-3

Ⅰ. ①应… Ⅱ. ①郭… Ⅲ. ①汉语—应用文—写作—中等专业学校—教材 Ⅳ. ①H152.3

中国版本图书馆CIP数据核字（2015）第139330号

机械工业出版社（北京市百万庄大街22号 邮政编码100037）

策划编辑：宋 华 责任编辑：宋 华 王 慧

责任校对：刘怡丹 封面设计：路恩中

责任印制：乔 宇

北京玥实印刷有限公司印刷

2016年2月第1版第1次印刷

184mm×260mm · 7印张 · 168千字

0 001—2 000册

标准书号：ISBN 978-7-111-50626-3

定价：18.00元

前　言

著名的教育家叶圣陶说：大学毕业生不一定能写小说、诗歌，但一定要能写工作和生活中实用的文章，而且非写得既通顺又扎实不可。随着我国经济的不断发展，就业市场对人才的素质提出了越来越高的要求，职业生活中必需的求职信、计划、调查、申请等各种职场应用文的写作也成了职业素质中极其重要的内容。

本书以真实的或模拟的工作任务为基点，通过设计教学情境等方式，引导学生积极主动参与教学活动，在不断解决疑难问题的过程中，培养学生的实践能力，提高其专业水平。本书不求全面，但求实用，轻理论、重训练，希冀打造一本针对性强、操作性强，以职业院校、技工学校学生日常学习和未来职场生活为内容构架的应用文写作教材。其特点如下：

1. 强调基础性和适用性。结合职校生、技校生的实际写作水平，在编写本书时删减了政府行政公文教学部分，主要以企业和社会实用性强的应用文为主。

2. 兼顾趣味性和实用性。本书淡化了应用文知识的系统性，打破了应用文教材编写的常规，设置多种情境，贴近学生的校园生活和未来的职场生活，以实用性和可操作性吸引学生学习应用文写作。

3. 首次将教学反思引入教材。深刻的教学反思更能激发教师们的思考，避免教学误区，少走弯路，同时也能加强学生的动手实操能力，并结合互联网，让学生真正体会自学和分享的乐趣。

本书设置竞赛活动、社团活动、庆典活动、职场之路、市场推广、日常文书六个任务，包括启事、通知、演讲稿、欢迎词等多种文种，形式活泼，内容丰富，具有较强的思想性、示范性和趣味性。

在本书的编写过程中，编者参考了一些同行的优秀作品，收录了许多振华技师学院院团委的例文，也参考了未体现在参考文献中的众多书籍和网络上的例文，在此对原著者致谢，并对所有帮助、支持该书出版的朋友表示衷心的感谢！

本书由郭华坚担任主编，杨起生、尹雄娟担任副主编，张方方担任主审。参加编写的还有方珠伴、邝金雁、雷娟。

由于编者经验不足，书中难免有疏漏之处，恳请读者批评指正。

编　者

目 录

前言

任务一 竞赛活动 1

【活动一】启事 2

【活动二】通知 8

【活动三】电子邮件 10

【活动四】演讲稿 14

任务二 社团活动 19

【活动一】倡议书 20

【活动二】请示 23

【活动三】会议记录 27

【活动四】通讯 31

任务三 庆典活动 35

【活动一】请柬 36

【活动二】欢迎词 38

【活动三】活动方案 42

【活动四】简报 46

任务四 职场之路 53

【活动一】求职信 54

【活动二】个人简历 57

【活动三】劳动合同 60

【活动四】计划 66

【活动五】总结 69

【活动六】述职报告 72

任务五 市场推广 79

【活动一】调查问卷 80

【活动二】市场调查报告 86

【活动三】海报 90

【活动四】广告词撰写 92

任务六 日常文书 95

【活动一】条据 96

【活动二】申请书 99

【活动三】委托书 101

【活动四】感谢信 103

参考文献 108

任务一

竞赛活动

任务启动

第十一届广东省技工院校学生“国学与修身”主题竞赛将于今秋举行，竞赛项目包括摄影、征文和演讲等比赛。为展示振华技师学院师生风采，院团委根据上级文件要求，将征文竞赛项目的具体事宜交给了文秘专业学生会干部李明操办。屡次出色完成各项任务的她就此忙碌起来。

【活动一】启事

要将这次征文事宜公之于众，就需要制作征稿启事，李明要面对的第一个任务，就是制作出让全校师生都能看见的征稿启事。

【知识链接】

一、概念

启事是单位或个人公开陈述某件事情，将其写成文字在墙上张贴，在报刊上登载，或让电视台、广播电台播出，以提请公众注意协助的一种应用文体。

二、类别

常见的启事有三类：

（1）寻访类（寻物启事、寻人启事等）。

（2）招领类（拾遗者发启事寻找失主）。

（3）征求类（征稿启事、征物启事、征求某种人才的启事、征婚启事等）。

三、作用

启事的作用在于向大家说明有关情况后，得到大家的协助，解决有关问题，促进人们互助，达到社会文明的目的。

【实际操作】

李明到学校教导处领来了白纸和彩笔，开始制作这份征稿启事。

一、写法

征稿启事一般由标题、正文、落款三部分组成。

1. 标题

在第一行中间写启事的标题，如“招领启事”“征稿启事”等，字体要稍大一点，醒目为宜。

2. 正文

（1）写明征文的缘由、目的、征文单位。要把征文的意图交代清楚，这样可以使作者对这次活动的意义有充分的认识而积极参与，同时写明举办征文的单位，这样可以增强征文活动的可信性，增加作者的信任感。

（2）征文的具体要求。征文的具体要求视征文的情况而定，通常可以包括以下一些内容：作者的条件，征文的内容范围、体裁、字数，征文的时间等。

（3）征文的评选、评奖办法。要在该部分说明评选稿件的具体方法，如评选的时间，评委的组成，评选的各种奖项情况等。

（4）对投递稿件的具体要求及方法。

3. 落款

在正文的右下方，写启事人的姓名或单位以及启事的日期。若标题或正文中已显示主办单位，此处可以省略。在报纸上发表的征文，也可不必再写年月日。

二、示例

征 稿 启 事

全校同学：

第十一届广东省技工院校学生“国学与修身”主题竞赛将于今秋举行。为激发同学们的创作热情，给广大同学提供展示才华的文学平台，让好的作品走出校门，校团委特向全校征求以下内容的稿件：

征文类：礼敬国学，修身立德，要求以个人独特的视角入手，用新颖的写法，穿插人物事例的方式来展示青年们如何将国学与修身结合起来实践社会主义价值观。

演讲稿：“国学修身是一种智慧”。

本届竞赛继续采用系内初赛、学校复赛、省级决赛的三级选拔形式进行。我校将选出优秀作品参加全市乃至全国的角逐。欢迎大家踊跃投稿。

投稿要求：

1. 作品必须为自己原创，严禁抄袭。

2. 文章字数为1600~2000字。

3. 来稿一律交电子文档。

截稿日期：2014年6月20日。

交稿地点（电子邮件）：校团委学生会办公室李明处（liming@qq.com）

校团委

2014年4月20日

【教学反思】

一、内容准确无误

启事要清楚交代内容、时间、地点等要素，张贴前还要确认所有信息是否表述完整。

二、张贴征稿启事的时间宜早不宜迟

三、布置学生收集各类启事的案例，筛选并制作教学课件（PPT）

引导学生认识常见启事（寻找类、征招类、告知类），并明确各种案例的特点。

【写作实训】

1. 根据附件《本课角色表演活动构思》中的内容完成以下写作实训。

右边学生写寻物启事	左边学生写招领启事
1月28日下午。一群众："今天上午我在实验基地选购盆花时，不慎丢失了一把粉红色的天堂牌折式雨伞，还是全新的呢，你们要帮帮我！"负责人："她是桂花村的杨女士，电话1364242××××，你们赶紧替她写寻物启事吧。"	1月28日下午，员工甲拿起桌上的茶叶袋子。 鲜花店负责人："原来是一大一小两罐茶叶，大的是沿溪山白毛茶，小的是高山观音王，你们赶紧替失主写招领启事吧。"

附：本课角色表演活动构思

一、**课题**：启事写作指导与训练

二、**时间**：2014 年 5 月 20 日　星期五　第三节

三、**地点**：教室

四、**表演舞台**：讲台左侧空间，一个大纸箱放在桌面并贴上“园艺班鲜花店”（红底白字）的标签。

五、**演员**：

鲜花店负责人：

员工甲：

员工乙：

丢失雨伞者：

丢失茶叶者：

冒领者：

群众演员：

六、**表演内容**：

同学们要做的课前准备：收集启事的案例，并且了解常见的启事。

（教学过程：解题导入新课→看案例说启事→写作指导）

情节 A——（写作指导，听到“表演活动开始喽”开始表演）

鲜花店负责人（提或背着皮包上场）：“就要放寒假了，看（远望，员工甲、乙上场），又是一个丰收年——我们园艺班的实验基地呀，生机勃勃，鲜花满园。”（开心地笑）

鲜花店负责人：“我是园艺班鲜花店的负责人，今天来校门口贴开业启事喽！”

PPT 展示该开业启事。

开业启事

我校园艺班鲜花店自即日起开业了，您可以在本店挑选鲜花，也可以到实验基地选购盆花、绿植。本店有不少春兰、茶花、黄杨、红豆杉等珍贵品种，物美价廉，敬候您的光临。

营业时间：即日至 2 月 2 日，每天 8—18 时

联系电话：1360808××××

振华技师学院 137 届园艺班

2014 年 5 月 20 日

（响起有爆竹声的喜庆音乐，丢失雨伞者、群众演员纷纷上场，“走哇”“去看看”“又开业了”“走吧，买花去”，老师投影开业启事，三人在幕布前一起做张贴开业启事的动作，非常热闹）

员工甲：大家好！跟我去东边看看树栽盆景吧。

员工乙：大家好！跟我去西边看看绿叶鲜花吧。

（全体演员一起退场，坐回原位）

（教学过程：分析开业启事的格式、内容要求和写法──➤写作训练）

情节 B——（写作训练，听到“表演活动又开始喽”开始表演）

（响起愉快音乐，鲜花店三人出场）

员工甲（望着幕布）：今天是 1 月 28 日，快过年啦！

员工乙（满脸喜悦）：班长，生意兴隆呀，这几天把我们给忙坏了。（三人欢笑，忙碌）（丢失茶叶者从门外骑车入场，停车店旁，把装茶叶的袋子放在桌上）欢迎光临，先看一看吧！

丢失雨伞者（匆匆上场）：哎呀，今天上午我在实验基地选购盆花时，不慎丢失了一把粉红色的天堂牌折式雨伞，还是全新的呢，你们可要帮帮我!

鲜花店负责人：她是桂花村杨女士，（望着幕布）联系电话 1364242××××，（望着右边学生）你们赶紧替她写寻物启事吧。”

丢失雨伞者：（向负责人）“谢谢，谢谢！”（向右边学生）“拜托了，拜托了！”（和丢失茶叶者退场坐回原位，右边学生开始写寻物启事）

员工乙：哎呀，我们的生活越来越有意思了。（三人欢笑，忙碌）

员工甲：哎，这是什么？谁的呀？（拿起桌上的茶叶袋子

左看右看）

鲜花店负责人：又是哪个粗心的顾客丢下的？哎呀，原来是一大一小两罐茶叶，（拿出大的）沿溪山白毛茶，（拿出小的）高山观音王，（向左边学生）你们赶紧替失主写招领启事吧。

（全体演员一起退场，坐回原位）

（教学过程：全班分两大组，讲台右边的写寻物启事，讲台左边的写招领启事──►每四个人写一篇，由写字端正的同学执笔──►班长把各组作品交给老师──►大家一起点评）

情节 C——（学生写作案例点评完成，表演开始）

（响起愉快音乐，鲜花店三人出场，欢笑忙碌）

冒领者：（东张西望，露出狡猾的笑出场）老板，我是来领我丢失的茶叶的，谢谢你们了。

鲜花店负责人：您好！您丢失的茶叶是怎样包装的？（警惕而有笑容）

冒领者：啊……啊……我买的是两斤茶叶，啊……是两袋茶叶。（丢失茶叶者推车入场）

鲜花店负责人（有笑容）：不好意思，你说的两袋茶叶，我们没看见。

丢失茶叶者：你好，我丢失的是一大一小两罐茶叶，大的是沿溪山白毛茶，小的是高山观音王，（指着招领启事）上面写的是我的吧？（冒领者尴尬退场）

鲜花店负责人（拿出藏在桌下的茶叶袋子）：是您的，看看有没有少了什么。

丢失茶叶者：谢谢了，谢谢了，你们真是振华技师学院的好学生啊！再见了……

（全体演员退场，一起热烈鼓掌感谢大家的精彩表演，坐回原位）

（教学过程：总结巩固──►还有时间的话进行改错练习──►同学们积极发言改错──►布置作业后下课）

2. 结合下面的故事，请同学们讲讲寻人启事和寻物启事的特征。

清朝时，郑板桥曾任山东潍县县令。有一天，一个老农恳求郑大人出个告示，帮他找回丢失的牛。

郑板桥问："你是啥时候发现牛走失的？"

老农说："不是去年，就是今年。"

郑板桥又问："一共丢失了几头牛?"

老农答："不是一头，就是两头。"

郑板桥问罢，给老农写了一张寻牛启事。启事贴出的第二天，老农便找到牛了。

猜一猜，老农的牛是什么时候走失的？他究竟丢了几头牛？请你来为老农写一则《寻牛启事》。

【活动二】通　知

在张贴征稿启事以后，同学们表现出了空前的积极性，团委收到了许多参赛文章，但是对于下一步如何筛选文章不太好把握，因为团委还没有设定具体的评分标准。掌握这一情况后，李明决定发一则通知，召集各班团干部一起分析和确定征文的筛选标准。

【知识链接】

一般性通知是向特定受文对象告知或转达有关事项或文件，让对象知道或执行的公文。通俗地讲就是把需要告诉有关人员的事项，用文字形式表现出来的一种应用文书。

【实际操作】

一、写法

通知包括标题、称呼、正文和落款。

1. 标题

写在第一行正中。可只写"通知"二字，如果事情重要或紧急，也可写"重要通知"或"紧急通知"，以引起注意。有的在“通知”前面写上发通知的单位名称，还有的写上通知的主要内容。

2. 称呼

写被通知者的姓名、职称或单位名称，在第二行顶格写。

3. 正文

另起一行，空两格写正文。正文因内容而异。开会的通知要写清开会的时间、地点、参加会议的对象以及会议主题，还要写清要求。布置工作的通知，要写清所通知事件的目的、意义以及具体要求和做法。

4. 落款

分两行写在正文右下方，一行署名，一行写日期。

二、特点

（1）使用范围广。在各种法定公文中，通知的使用范围最广。

（2）使用频率高。

（3）时效性强。通知对时效性具有严格要求，它所传达的事项，往往要求受文者及时知晓或迅速办理。

三、示例

通　知

各班团干部：

为明确“国学与修身”主题征文比赛的筛选和评分标准，校团委决定召开一次讨论会。请团干部们带上笔记本于4月25日下午一点半到行政楼报告厅开会。请大家互相转告，不得迟到缺席。

特此通知。

校团委

2014年4月23日

【教学反思】

（1）写通知一般采用条款式行文，简明扼要，使被通知者能一目了然，便于遵照执行。

（2）会议通知要写清楚时间、地点、内容、出席对象及注意事项等内容。

【写作实训】

1. ××技师学院文秘 301 班定于 7 月 31 日参观孙中山纪念馆。请你代班委拟写一份通知，提前一周让在外实习的同学知晓，确保到馆参观。

2. 下面一则通知在格式和内容上都存在问题，请你来当纠错专家。

会议通知

谨定于 20××年××月××日上午 9 时 30 分在××召开××会议，一定得参加。随本通知送提案书一份，若有提案请填写后于开会前提交。

此致

20××年××月××日

××公司

【活动三】电子邮件

征文类稿件评分标准已经顺利通过，可是“国学修身是一种智慧”的演讲稿发来的文档格式可谓五花八门。细心认真的李明决定自己制定出一个规范的格式，然后再将此文件通过电子邮件的方式发给每一位作者，让大家按统一要求去修改，然后再发回校团委。

【实际操作】

一、什么是电子邮件

电子邮件是通过互联网在全球范围内传送信息的一种方式，电子邮件是由 Electronic Mail 直译过来的，一般简称为 E-mail。

二、电子邮件的组成

1. 邮件头

邮件头相当于传统邮件的信封，它的基本项包括收件人地址、发件人地址和邮件主题。

2. 邮件体

邮件体就相当于传统邮件的信纸，用户在这里输入邮件的正文。

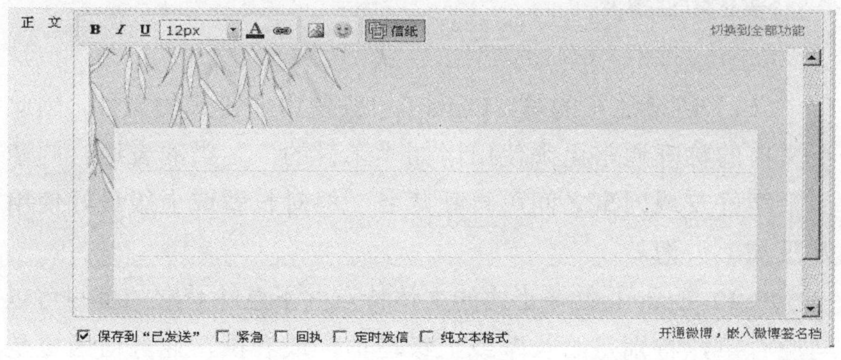

3. 附件

附件是传统邮件所没有的东西，它相当于在一封信之外，还附带一个“包裹”，这个“包裹”是一个或多个计算机文件，可以是数据文件、声音文件、图像文件或者是程序软件。

一封较为正式的邮件，要用和正式的信笺一样的文体。开头要用“尊敬的”或者是“先生 / 女士，您好！”，结尾要附祝福语，或采用“此致 / 敬礼！”这样的格式。

三、示例

日期：2011-5-10　11:15:46

发件人：liming@qq.com

收件人：

liuyuan@sina.com；123456789@qq.com；987654321@qq.com

主题：演讲稿格式

某某同学：

你好！

大家发来的演讲稿格式不统一，对后期打印工作带来了一定的困难，所以请按照统一的格式修改你们的版式。修改后请再次发至我的邮箱。

具体格式请下载随邮件发来的附件。

由此给你带来的不便请原谅。谢谢！

校团委　李明

附件：演讲稿格式（略）

【教学反思】

（1）值得注意的是，E-mail 一般使用非正式的文体，因此正文前的称呼通常无须使用诸如“亲爱的”之类的表达。同辈的亲朋好友或同事之间可直呼其名，但对长辈或上级最好使用姓氏加上头衔。

（2）E-mail 的非正式的文体特点并不意味着它的撰写可以马虎行事，特别是给长辈或上级写信，或者撰写业务信函更是如此。写完信后，一定要认真检查有无拼写、语法、字词和标点符号的错误。

【写作实训】

1. 元旦快到了，你怎样向就读于××中专旅游管理系的好友发邮件以示祝福？

2. 你所实习的公司和一家外资企业准备合作开发一个新的项目，定于8月20日在万豪酒店五楼会议室举行两方具体合作事宜的会谈，作为经理助理的你怎样发一份邮件将此事通知给对方负责人？

【活动四】 演讲稿

从接受任务到现在,一个多月过去了，各类稿件也都征集齐了。在组织全校进行演讲选拔的同时，李明的好朋友吴健萍也想参加演讲比赛，但是却苦于不懂得如何写演讲稿，为了帮助好朋友，李明从网上找来了许多关于写作演讲稿的资料供好朋友参考，那么，一篇好的演讲稿应该具备什么样的元素呢？

【知识链接】

一、概念

演讲稿也叫演说词，是人们在工作和社会生活中经常使用的一种文体。它可以用来交流思想、感情，表达主张、见解；也可以用来介绍自己的学习、工作情况和经验等。

演讲稿具有宣传、鼓动、教育和欣赏等作用，它可以把演讲者的观点、主张与思想感情传达给听众以及读者，使他们信服并在思想感情上产生共鸣。

二、特点

1. 针对性

演讲是一种社会活动，是用于公众场合的宣传形式，写作时要针对不同的场合、不同的主题、不同的演讲对象来设计演讲稿。

2. 可讲性

演讲的本质在于“讲”，而不在于“演”，它以“讲”为主，以“演”为辅。所以演讲稿既要符合书面语法规范，也要具备口语化的特点。

3. 鼓动性和说服性

演讲是一门艺术，好的演讲自有一种激发听众情绪从而赢得好感的鼓动性，富有感染力。这就是演讲稿与日常讲话的最大区别。

【实际操作】

在了解了演讲稿的特点和要求后，吴健萍联系此次“国学与修身”的主题要求，认真地写起了演讲稿。

一、写法

演讲稿的结构分为开头、主体、结尾三个部分，其结构原则与一般文章的结构原则基本一致。

1. 开头要抓住听众，引人入胜

（1）开门见山，揭示主题介绍情况，说明理由。

（2）提出问题，引起关注。

2. 主体要环环相扣，层层深入

演讲就是讲故事，故事一定要震撼，让听众有眼前一亮的感觉。

一般故事可以分为五个大类：讲名人的故事；讲自己的故事；寓言故事；身边（朋友或者社会热点）的故事；知名企业的故事。（要点：通常讲故事的时候，一个重点最好有一个别人的故事，有一个自己的故事。别人的故事可以扩大听众的想象力，自己的故事通常是最感人的。）

3. 结尾要简洁有力，余音绕梁

演讲稿的结尾没有固定的格式，或对演讲全文要点进行简明扼要的小结，或以号召性、鼓动性的话收束，或以诗文名言以及幽默俏皮的话结尾。但一般原则是要给听众留下深刻的印象。

二、示例

国学修身是一种智慧

尊敬的老师，亲爱的同学们：

大家下午好！

我叫吴健萍。口天吴，健康的健，苹果的苹，出生的时候，爷爷说我五行缺水，所以就在“苹”字上添加了三点水，于是我的名字就变成了萍踪侠影的“萍”，有点浪迹天涯的侠女味道，到了今天，我才真正领会了这个名字的含义，“萍”字与平安的“平”谐音，爷爷应该是希望我做一个身心健全、平安康顺的人。你看，从我出生的那天，我似乎就与国学结下了不解之缘，今天，我演讲的题目是“国学修身是一种智慧”。

何为国学？在我看来，它就是从古至今，无数代人的智慧与汗水的结晶，它就是先辈们留存给我们后人的学问，是一种处世与生活的思想。何为修身？《大学》中说，“自天子以至于庶人，皆以修身为本”，由此可见，修身，在古代是一种全民健身活动。在过去，修身是古代帝王将相以及所有想要成就功业者的必修课，他们通过修身来达到自我人格的完善，在快节奏的现代社会，人们也只有通过修身，才能进一步丰富自我，进而惠及家庭、企业和社会。

国学，我接触得比较早，因为我有个“老古董”爷爷，爷爷嘴巴里每天都会冒出些“仁者不忧”“智者不惑”的话。从小，爷爷就用《朱子家训》中的经典名句“一粥一饭，当思来之不易；半丝半缕，恒念物力维艰”来教导我珍惜粮食，爱惜物品。初中的时候，我在学校的饭堂吃饭，看到同学们将许多剩饭倒进了垃圾桶中，心里觉得很是惋惜。我的脑海中会不由自主地浮现唐代李绅所作《悯农》中的名句：谁知盘中餐，粒粒皆辛苦。我就用这句话来劝诫我的同学珍惜粮食，坚持“光盘”行动，积极响应习主席“厉行节约，反对浪费”的号召。

初三的时候，因功课太忙，我常常迷失在题山题海当中不可自拔，爷爷劝解我说，“这不是真正的学习之道”，又说，“古人言，‘学而不思则罔，思而不学则殆’，读书要讲求思考，做题再多，不消化，也没有用。”我没有听信爷爷的话，果然，中考失利。爷爷的话如醍醐灌顶般冲击我的大脑：学而不思则罔，思而不学则殆。原来古人早就将学习的智慧提炼概括出来，只是我没有听信，甚至没有试着去解读它，真是“过宝山而不入”呀！

我们总是认为国学过时了，不能发挥作用了，这并非国学之过，而是我们读书方法不当。事实上，国学知识，源远流长，它总能在春风化雨般的人文渗透中，传递给我们最传统的修身智慧，引领着我们寻回内心的平静与安宁。

习主席说过，每个人都有理想和追求，都有自己的梦想。我现在仍然是一名学生，一名中职生，我的梦想就是努力读书，学好专业，做一名合格的国学传承者，当一个有益于社会、有益于国家的人。

孔子说：勇者不惧。我要做一个无所畏惧的勇者，我要做一个国学的卫士，我认为国学修身是一种智慧，是一种大智慧。

谢谢大家！

【教学反思】

（1）对演讲主题的认识要透彻。演讲的主题也就是演讲的目的，如果对于演讲的目的认识不透彻，那么在写作演讲稿时，就很容易出现词不达意的情况。这样的话，做演讲，也只能是其人昏昏，使人昏昏了。

（2）选择的材料要丰富、贴近听众。

（3）讲究文采：用语丰富、生动；运用恰当的修辞手法（排比、比喻、引用）。

（4）学会合理利用网络，根据内容提纲，收集演讲素材。演讲素材分为两部分：①核心素材：必需的故事或者内容；②辅助素材：为了更详细说明一个重点，可能用到的素材。

【写作实训】

1. 某技工学校从 2008 年开展“职校生自信心重构”课题研究，到现在已有七年了，经过全院师生的努力，一些原来不自信的学生变得自信了。他原来是网瘾少年，如今变成了舞蹈王子；他曾经是一个自卑、内向的学生，如今走向了世界技能大赛的舞台……他们是如何转变的呢，你从他们转变的过程中获得了哪些感悟？请以“我的自信故事”为主题，写一个 5 分钟的演讲稿。

2. 学生会将提拔一批学生干部，优秀的你需要在竞选赛场进行现场演讲，以展示你的才能，你会怎样过关斩将呢？

3. 请分别以人、事、物、言为媒介，自选一题设计一个开场白，演讲主题自拟。

（1）以“人”为媒介。展开一个互动：提问、游戏。通过这种人人参与、动脑动手的方式，活跃气氛，将主题积极有趣地导入。

（2）以“事”为媒介。讲述一个故事：自己的、别人的、具体的、生动的。谁都无法拒绝那些叙述生动、催人泪下的故事，通过故事的讲述，由具象到抽象，使听众更好地把握理论观点。

（3）以“物”为媒介。拿出一件东西：实物、模型、图像、音像或多媒体演示。多一个视点、多一个兴奋点：“葫芦里卖的是什么药？”

（4）以“言”为媒介。引用一句话语：古今诗句、名句格言等。

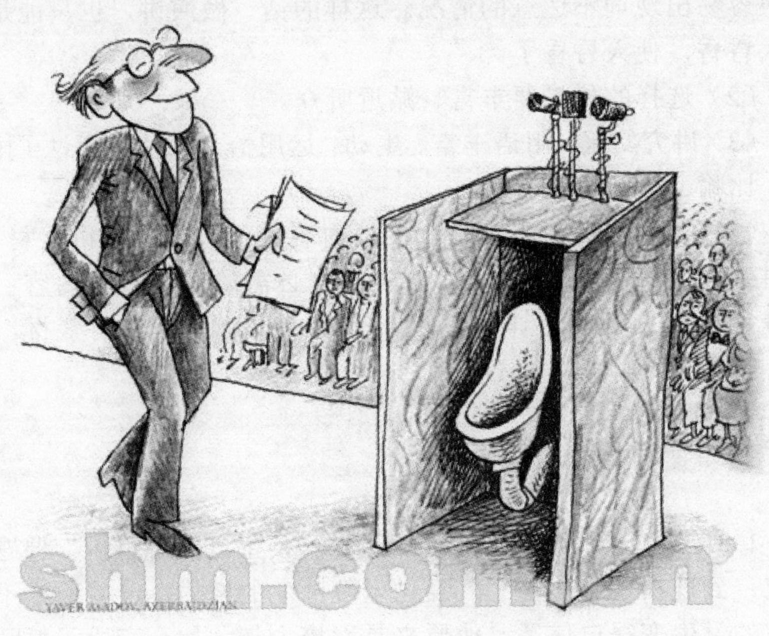

任务二

社团活动

任务启动

李萍是振华技师学院二年级的学生，今年院学生会改选时，她凭借自己出色的专业实力和精彩的演讲，成功应聘院学生会宣传部部长一职。

起初，李萍以为宣传部就是做一些黑板报、墙报之类的工作，进入学生会后，她才感觉到远没有想象中那么简单。刚上任，她就接到一项任务——应广大文学爱好者的要求，学生会准备组建一个文学社团，并由她负责文学社团组建过程的相关宣传活动。

【活动一】倡议书

【活动描述】

学院学生会社团活动处于起步阶段，目前仅有一个动漫社和一个舞蹈社，受专业限制，社团成员不多。为扩大学生的参与面，丰富社团活动的形式，李萍在和宣传部的同学商量后决定拟一份倡议书，以吸引更多文学爱好者关注和参与文学社团活动。

【知识链接】

一、概念

倡议书是个人或集体拟定、就某事向社会提出建议或提议社会成员共同开展某项公益活动的一种专用书信。

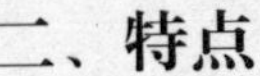

二、特点

1. 公开性

倡议书就是一种广而告之的书信，可以公开张贴或在媒体上刊登，类似公开信。其目的是得到更多的人响应，以期在最大的范围内引起共鸣。

2. 倡导性

倡议书是提倡和引导人们从事某项工作或参加某一活动，以调动人们从事某项工作或遵守某项规则的积极性。

3. 鼓动性

倡议书使用鼓动性较强的语言，对接受者有明显的鼓舞和激励作用。

【实际操作】

李萍文笔不错，但写倡议书还是头一次。查阅相关资料后，她了解到倡议书是专用书信格式，但与一般书信又有所区别。

一、写法

倡议书一般由标题、称谓、正文、结尾、落款五部分组成。

1. 标题

写法一：由文种名独自组成，即在第一行正中用较大的字体写“倡议书”。

写法二：由倡议内容和文种共同组成，如“把遗体交给医学界利用的倡议书”。

写法三：双标题，一个正标题和一个副标题，即先用一个生动形象的正标题，然后再用“××××的倡议书”作为副标题。如“命运无情人有情——为地中海贫血学生梁康瑶爱心捐款的倡议书”。

2. 称谓

可根据倡议的对象而选用适当的称呼，如“广大的青少年朋友们”“广大的妇女同胞们”等。有的倡议书也可不用称呼，而在正文中指出。

3. 正文

正文内容一般包括以下方面：

（1）写倡议书的背景原因和目的。倡议书的发出贵在引起广泛的响应，只有交代清楚倡议活动的原因，以及当时的各种背景事实，并申明发布倡议的目的，人们才会理解和信服，才会自觉地行动。这些因素交代不清就会使人觉得莫名其妙，难以响应。

（2）写明倡议的具体内容和要求。这是正文的重点部分。倡议的内容一定要具体化。开展怎样的活动，都做哪些事情，具体要求是什么，它的价值和意义都有哪些均需一一写明。

倡议的具体内容一般是分条开列的，这样写往往清晰明确，一目了然。

4. 结尾

表示倡议者的决心和希望或者写出某种建议。倡议书结尾一般不再写表示敬意或祝愿的话。

5. 落款

在正文右下方写明倡议者单位、集体或个人的名称或姓名，署上发倡议书的日期。

二、示例

创常青社团，展师生风采

——我院成立常青藤文学社的倡议书

花开花落又一春，江山代代出昆仑。为丰富校园文化生活，增强学生人文修养，促进学生茁壮成长，也为了更早地发现人才，培育人才，在院领导的亲切关怀和大力支持下，院学生会决定成立常青藤文学社。为此，特向全院师生发出如下倡议：

1. 文学社的创立宗旨：厚德博学，陶冶身心。我们每一个人都是文学社的主人，文学社的成立就是为我院全体师生开辟一个能展现我们生活的舞台，讲述的是我院师生自己的故事，衷心希望大家积极参与。大家的爱心就是播种，大家的热心就是成功！

2. 生活是文学的常青树，文学是生活的凌霄花。做生活的有心人，“处处留心皆新闻，世事洞明铸华章”。青年正是人生意气风发、挥斥方遒、指点江山、激扬文字的黄金时代。丰富多彩的校园生活就像一首诗，生动亲切的课堂学习就如一首歌，拿起你的彩笔，铺平你的稿纸，谱写你的华章，文学社就是你健康成长的摇篮，就是你走向梦想的驿站！来吧，来吧，这里是一个温馨的家；来吧，来吧，你生命的春天正在发芽。

3. 文学社成立后，将举办各种文学讲座，每月出一期社报：有我院的“头版新闻大事”，也有中外名家经典，更有我院师生的文学佳作。同时加强与《技师学院报》《×××省技能报》等报刊媒体的联系，定期选送作品对外发表。文章力求清秀端庄，含蕴柔中有刚；设计力求创新，活泼自由。相信同学们的无穷潜力和能力，给你们一个充分展示自己才华的大舞台，你们也定将回报给学院一个精彩！

4. 文学社组织中的每一个工作者，本着团结互助、全力合作、创一流文学社团，展中职师生雄风的精神，铸造我院校园文化建设的辉煌明天！

同学们，你们的积极投入意味着崭新的开始，你们的真诚参与就是文学社成功创办和兴旺发展的根本保证！

振华技师学院学生会

2014 年 3 月 5 日

【教学反思】

（1）内容要有新的时尚和精神，要健康向上并切实可行。

（2）背景、目的要写清楚，理由要充分。

（3）措辞要恰切，情感要真挚，同时要富于鼓动性。

（4）篇幅不宜太长。

【写作实训】

1. 某院开展“共铸诚信学院”活动，进行诚信情况调查，结果如下：

（抽查人数 50 人）

	抄袭作业	考试作弊	言而无信
从未出现	20	34	24
偶尔出现	15	10	16
经常出现	15	6	10

请你根据调查结果，为“共铸诚信学院”活动写一份倡议书。

2. 根据下图，为“光盘行动”写一份倡议书。

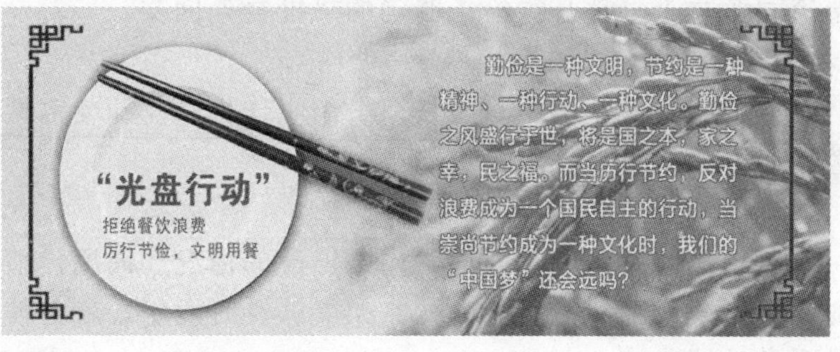

【活动二】请示

常青藤文学社筹备工作就绪后，需要举行一次常青藤文学社成立大会，学生会主席让李萍以学生会名义拟一份请示，向学院上报此事，请求同意召开常青藤文学社成立大会。

【知识链接】

一、概念

请示，是下级机关向上级机关请求指示或批准事项的上行公文。

本机关权限范围内无法解决的事项，工作中遇到无章可循的疑难问题，需要向上级请示，请求上级机关给予指示或批准。

二、特点

1. 针对性

只有本机关单位权限范围内无法决定的重大事项，如机构设置、人事安排、重要决定、重大决策、项目安排等问题，以及在工作中遇到新问题、新情况或克服不了的困难，才可以用“请示”行文，请示上级机关给予指示、决断或答复、批准。所以，请示的行文具有很强的针对性。

2. 呈批性

请示是有针对性的上行文，上级机关对呈报的请示事项，无论同意与否，都必须给予明确的“批复”回文。

3. 单一性

请示应一文一事，一般只写一个主送机关，即使需要同时送其他机关，也只能用抄送形式。

4. 时效性

请示是针对本单位当前工作中出现的情况和问题，请求得到上级机关指示、批准的公文，如能够及时发出，就会使问题得到及时解决。

【实际操作】

在了解请示的相关知识后，李萍心里有数了：请示是有固定格式的公文，而重点就是要把“请示缘由”和“请示事项”

说清楚。

一、写法

请示由标题、主送机关、正文、落款、附注、附件六部分组成。

1. 标题

写法一：请示的标题一般由发文机关、事由、文种三部分组成，如“宏远公司关于申购办公用便携式计算机的请示”。

写法二：请示的标题也可以只写事由和文种，如“关于增设营业服务窗口的请示”。

2. 主送机关

写明请示应呈送的具有隶属关系的直接上级机关，主送机关应当唯一。

3. 正文

正文包括发文缘由、请示事项和结束语三部分内容。

（1）发文缘由即扼要说明请示的原因、理由、依据和目的等，为请示事项做好铺垫。

（2）请示事项是向上级机关请示的具体内容、问题、要求，只宜请求一件事。

（3）结束语应另起一行，习惯用语一般有“当否，请批示（复）”“妥否，请批示（复）”“以上指示，请予批复”等。

4. 落款

在正文右下方署上发文机关名称和成文日期，并加盖公章。

5. 附注

在成文日期下一行居左空两格，加圆括号注明发文机关联系人的姓名和联系方式。如“附注:联系人：王红，联系电话：12345678”。

6. 附件

如有必要，可在正文下空一行，附上与请示内容相关的说明材料、数据、报告等。

二、示例

关于召开常青藤文学社成立大会的请示

院长办公室：

为了丰富我院同学的文化生活，提高广大同学的文学修养，从去年开始，我们就酝酿组建院文学社。经过三个月的筹备，已经有20多名文学爱好者报名，他们都热爱文学并有一定的文学基本功。同时，我们已经和学院语文科目郭老师商定，请他担任常青藤文学社的指导教师。我们认为，成立院文学社的条件已经成熟，请求近期召开常青藤文学社成立大会。

以上妥否，请批示。

附件：振华技师学院常青藤文学社章程

××学院学生会

2014年5月4日

（附注：联系人：李萍，联系电话：12345678）

【教学反思】

一、请示应坚持一文一事

请示要集中请示一个问题，不要一文数事。

二、不得越级请示

请示应送给有隶属关系的上级机关或业务主管部门，一般情况下，不得越级请示。紧急情况下也可以越级请示。

三、理由充分，事项明确

着重考虑请示的必要性、迫切性，增强请示事项能得到妥善解决的可行性。请示的事项要明确，将请示单位的有关意见和设想写清楚，以便上级机关酌情定夺。

【写作实训】

1. 标题“关于请求拨款修建女生宿舍的请示报告”有什么不妥？请改正。

2. 学生会打算向学院请示增加一台计算机，用于学生会日常办公及活动。请拟写一份请示。

3. 分析右侧漫画中的请示有什么不妥。

【活动三】会议记录

马上就要召开常青藤文学社成立大会了，李萍开始准备会议标语、会场布置，学生会主席特别嘱咐她，要做好会议记录。

【知识链接】

一、概念

会议记录是在召开会议的过程中，安排记录人员把会议基本情况和会议内容如实记录下来，以留存备查的一种常用应用文体。

二、特点

1. 真实性

会议记录的执笔者只有记录权而没有改造权。

2. 原始形态性

会议记录是会议情况和内容的原始化的记录。所谓原始，就是未经整理，未经综合。在这一点上，它跟会议简报、会议纪要有着很大的不同。会议简报和会议纪要也是真实的，但不是原始的。

3. 完整性

会议记录对会议的时间、地点、出席人员、主持人、议程等基本情况，对领导讲话、与会者的发言、讨论和争议、形成的决议和决定等内容，都要完整地记录下来。

【实际操作】

李萍了解到写作会议记录的要求后，就找来信笺纸，先将标题和会议组织情况写好，等会议一开始，就详细记录好会议内容。

一、写法

会议记录一般包括三部分：标题、正文、具名。

1. 标题

写法一：会议名称+文种，会议名称要写全称，如“第一届教职工代表大会会议记录”。

写法二：会议内容+文种，如“4月份销售总结会会议记录”。

写法三：与会人员+文种，如“部门经理会议记录”。

2. 正文

（1）会议的组织情况。包括会议名称、时间、地点、出席人（有列席、缺席人也应写明）、主持人、记录人、中心议题等。

（2）会议内容。按发言顺序排列，包括会议主持人的讲话，与会人的发言和会议决议等。

（3）结尾。会议结束，另起一行写“散会”二字。

3. 具名

会议结束后，记录人员把写好的会议记录送主持人审核、签字，然后记录人签名。

二、实例

常青藤文学社成立大会会议记录

时间：2014年5月4日

地点：一楼大会议室

出席人：谭院长、温主任、郭老师、文学社成员

主持人：王霞（学生会主席）

人数：35人

记录人：李萍

议题：常青藤文学社成立章程宣读及文学社职能分工安排

大会议程：

学生会主席做前期工作总结报告；

温主任宣读常青藤文学社章程；

学生会主席宣布组织机构及职能分工；

指导教师郭老师讲话。

会议记录

（1）王霞(学生会主席)：陈述常青藤文学社成立前期筹备

工作、目的、意义。

（2）筹备小组各部负责人发言。

李响：简述常青藤文学社成立的坎坷历程，期望大家继续支持。

吴俊：（版面设计）排版工作存在一定问题，没有先考虑排版，结果文章一般都太长，临时删减，难度很大。今后将吸取教训。

朱舒：（整理材料）无整体规划，速度慢，条理性不强，今后注意。

朱翔：（美工）（激动得说不出话来，笑……主持人及时解围，代他表达）

孙振华：（誊写）感谢陈浩、王婷、王玲华等人的工作、提出应让陈浩上台发言。

陈浩：（誊写）任务艰巨，迫切需要帮手。

（3）德育处温主任宣读常青藤文学社章程（第一章　总则；第二章　活动总则；第三章　组织管理）

（4）王霞宣布组织机构及职能分工（章程第四章　附则），强调各部门要做好分工合作工作，文章要短小精悍，一般在200~500字左右，不要太长。希望大家积极撰稿，人人参与。

（5）郭老师讲话：感谢；祝贺；希望；要求。（另附）

（6）与会人员合唱《明天会更好》。

散会。

主持人：（签名）王霞　记录人：（签名）李萍

【教学反思】

一、会议记录写作技巧

（1）一快，即记得快。字要写得小一些、轻一点，多写连笔字。

（2）二要，即记要点。

1）会议中心议题以及围绕中心议题展开的有关活动。

2）会议讨论、争论的焦点及其各方的主要见解。

3）权威人士或代表人物的言论。

4）会议开始时的定调性言论和结束前的总结性言论。

5）会议已议决的或议而未决的事项。

6）对会议产生较大影响的其他言论或活动。

（3） 三省，即在记录中正确使用省略法，会后查补。

（4） 四代，即用较为简便的写法代替复杂的写法。

二、如何求速度

（1）剔除无关紧要的讲话内容。

（2）剔除无关紧要的句子成分（延缓性、修饰性）。

（3）搁置自己可以回忆的内容（理论、故事）。

（4）搁置自己可以查询的内容（政策、数据）。

（5）搁置自己可以推测的内容。

【写作实训】

1. 设计一份会议记录格式。

2. 会议记录实训活动。

案例：当今社会竞争激烈，学生自主创业已在社会上形成一种趋势，许多中职学生也有自己的创业想法，但并不是每个有创业想法的学生都能实施项目，而实施项目的学生也不是都能成功。因此，拟在本班召开一次中职生创业项目交流会。

首先，要求学生针对自己感兴趣的创业项目查询资料，撰写创业方案。

其次，由老师负责筛选八份优秀的创业方案进入交流会。

再次，交流会讨论流程。如下：

一、各自陈述阶段

（1）介绍创业的项目（可准备 PPT、Word、宣传视频等文档资料，用时 1～3 分钟）。

（2）介绍该创业项目的优点与可行性。

（3）解释创业资金的来源。

二、质疑与解释阶段

参会人员可以对创业项目推介者提出疑问，请求推介者解释。

三、各自总结阶段

四、评分阶段

除参会的八位同学，其余同学作为列席会议者，需要做好本次讨论会的记录工作，并给每一组参会者创业项目评分，评选出最佳创业项目。

请根据案例提供的活动模板举行一次班级的创业项目交流会，并做会议记录。

【活动四】通讯

李萍在常青藤文学社成立过程中的出色表现，得到了学院德育处和学生会的一致好评，这使她信心大增。她想趁着常青藤文学社的第一期社刊出版之际，写一篇关于常青藤文学社成立的通讯，也过一把记者瘾。

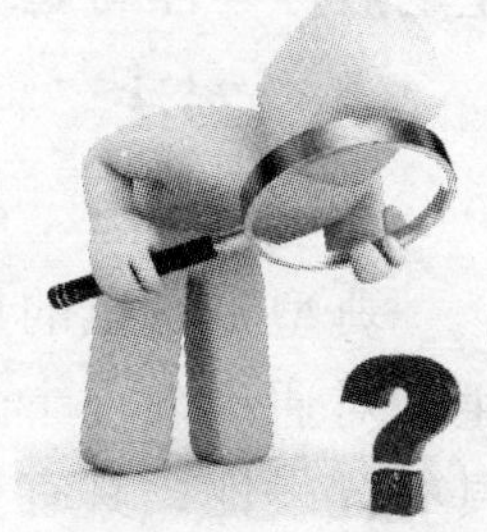

【知识链接】

一、概念

通讯，是对新闻事件、人物和各种见闻的详尽而生动的报道。

与消息相比，通讯的内容比较宽泛，可以做深入的报道，它不但要交代新闻事实，而且要讲述事件的来龙去脉，甚至对人物、事件进行细致的刻画与描写，捕捉细节，烘托环境气氛。

二、特点

1. 现实性

通讯要求报道新近发生的有意义的事实，新时代涌现出来的新人、新事、新经验，紧密配合当时形势，为现实中的工作服务。

2. 形象性

通讯常采用叙述、描写、抒情、议论相结合的手法，要求对人对事进行较为具体形象的描写，人物要具有音容笑貌，事情要有始末情节，以此感染读者。

3. 评论性

通讯一般采取夹述夹议的手法，直接揭示事件的思想意义，并评说是非，议论色彩较浓，常常表现出强烈的政治倾向，流露出记者的爱憎感情。

【实际操作】

因为亲自参与了常青藤文学社成立的整个过程，在明确了主题后，李萍写起通讯来显得得心应手。

一、写法

1. 选好典型，确立主题

典型是通讯的筋骨，主题是通讯的灵魂。选好典型，确立主题对通讯来说十分重要。选择什么样的典型呢？要选择那些具有代表性、具有普遍意义、具有宣传价值和教育意义的人和事，选择那些在一定时期内人们所关注的问题。确立什么样的主题呢？要确立体现时代精神，表现时代风尚的主题，确立反映人物和事物、本质和规律的主题。

2. 写好人物

写好人物是通讯写作的重要任务。不论是人物通讯还是事件通讯，都要把人物写好。写人离不开事，因此，写人必写事，写人物自己所做的事，写能揭示人物内心世界的事。写人物还要用人物自己的语言、行为、活动来表现人物，人物要写得有血有肉，有音容笑貌，有内心活动；写事要具体形象，有原委，有情节。

3. 安排好结构

纵式结构，是按时间顺序、事物发展的顺序、情节展开的顺序或作者认识事物的顺序作为行文的线索。在采用这种结构时，要详略得当，布局巧妙，富有变化，避免平铺直叙。横式结构，是用时间变换或按照事物性质来安排材料。这种结构概括面广，要注意不同空间的变换，恰当地安排通讯所涉及的各方面的问题。采用空间变换的方法组织结构时，要用地点的变化组织段落；按事物性质安排结构时，要围绕主题，并列地写出不同的几个侧面。纵横结合式结构，是以时间顺序为经，以空间顺序为纬，把两者结合起来运用。采用这种形式，要以时空的变化组织结构。

二、示例

振华技师学院常青藤文学社正式成立

为弘扬振华技师学院文化，丰富学生的校园文化生活，培养学生的写作兴趣，提高写作水平，同时引导学生享受写作的乐趣，尽显才情，让他们用稚嫩的文学之笔勾勒出宏伟的蓝图，促进全院学生文学素养和个性特色发展，并以点带面，通过文学社影响全院学生、教师乃至学生家长，达到全面育人的目的，在上级领导的关心及大力支持下，在学生会的精心组织和全院广大文学爱好者的共同参与下，2014 年 5 月 4 日，振华技师学院常青藤文学社宣告成立。

上午，全体社员欢聚一堂，并邀请了谭院长、德育处温主任、郭老师参加本次成立大会。会上，各位领导对我院常青藤文学社的成立表示祝贺，并对我们提出要求，希望我们常青藤文学社能如日出江花般——红胜火，如长河落日般——贯长虹！

最后，成立大会在一首《明天会更好》的歌声中落下帷幕，相信常青藤的明天在各界领导和朋友的关心与支持下，在全体师生的共同努力下，一定会走向辉煌的明天。

【教学反思】

通讯与消息的区别

（1）从时效性上来说，消息的时效性更强。

（2）从主题来说，通讯都有明显的思想主题，消息则不然。

（3）从选材来说，消息侧重写事，通讯注重写人。

（4）从结构来说，消息大多把最重要的事实放在第一段，头重脚轻，称之为“倒金字塔”式结构。而通讯，很少把最重要的材料放在第一段，常常以最吸引人的情节、议论引语开篇。

（5）从表现手法上来说，消息主要是叙述事实，用事说话，较少有议论、描写，极少抒情。通讯常融叙述、议论、描写、抒情于一体。

（6）从语言来说，消息用语的主要特色是准确、简练、直截了当，而通讯的用语则比较细腻、形象，感情色彩较浓。

【写作实训】

1. 到网上了解一下通讯的种类，在课堂上和同学交流。

2. 学院将举行第十届专业技能节活动，请根据活动情况，写一则通讯。

任务三

庆典活动

任务启动

张浩从振华技师学院服装专业毕业，进入了一家知名的服装机械公司从事营销工作。刚进入公司不久，就迎来公司成立二十周年大庆，公司准备举办一个大型庆典活动，需要进行一系列准备工作，于是公司领导把小张抽调到办公室参与筹备庆典活动的相关工作。

【活动一】 请柬

领导交给张浩的第一个任务就是让他根据公司相关的活动来撰写请柬，并将请柬发送给公司确定的邀请对象。

【知识链接】

一、概念

请柬，也称请帖，是为请客而发出的礼节性的通知书，一般采用书信的格式进行书写。

二、特点

各类型的请柬在文具店以及宾馆、酒家都有出售。请柬通常要做艺术加工，封面有图案装饰、文字多用美术体或手写体等；封里内容往往也有一些固定格式，由发出邀请者自己书写或填写。

张浩一接到任务，就开始设计请柬的内容。他想，既然请朋友们来参加公司庆典，当然要说明庆典的主题，而且最重要的，就是清楚地告诉客人们庆典举行的时间与地点。

【实际操作】

一、写法

请柬的内容由称呼、正文、结尾和落款组成，就像一封简短的书信。

1. 称呼

在第一行左顶格书写，在被邀请人姓名后面加上“先生”“小姐”“女士”等相应称呼。

2. 正文

正文要写明活动内容，举行活动的时间、地点即可。

3. 结尾

结尾一般写“敬请光临”或“请届时光临”，可以直接在正文末尾写，也可以在正文后另起一行空两格写“敬请”二字，然后再另起一行顶格写“光临”二字。

4. 落款

落款包括署名和日期，日期写在署名的下方，写发出请柬的时间。

二、示例

尊敬的××先生（女士）:

2014 年 1 月 6 日，是我公司成立二十周年的喜庆日子，为感谢社会各界多年来对我们的支持与厚爱，我公司定于 2014 年1月6日上午11时，在××市国际会展中心四楼大厅举行“××服装机械有限公司二十周年庆典”活动，恭迎阁下届时光临。

××服装机械有限公司

2013 年 12 月 26 日

【教学反思】

一、内容准确无误

请柬要清楚交代活动的内容、时间、地点等要素，发出前还要认真核对，以免因错失礼。

二、措辞简洁得体

请柬措辞要简洁文雅，切忌堆砌辞藻、不伦不类。

三、发送把握得当

请柬一般不采用邮寄的方式，应派专人或主人亲自递送请柬才显得有诚意。发送请柬的时间不宜过早或过迟，一般提前5～7 天为宜。

【写作实训】

1. 到文具店逛逛，了解各类型请柬的样式，回来跟同学交流。

2. 班里准备举行文娱晚会，请你以班委会的名义给任课老师或其他班级发一份请柬。

【活动二】欢迎词

办公室主管看到张浩撰写的请柬内容完整、表达清楚、语言得体，给予他很高的评价，并交给他一项更重要的任务：让他根据公司庆典活动主题帮公司领导写一篇欢迎词，以便领导在庆典大会上向来宾致辞。

【知识链接】

一、基本概念

欢迎词是由东道主（行政机关、企业事业单位、社会团体或个人）出面对宾客的到来表示欢迎的讲话文稿。

二、内容要点

欢迎词中,往往需要介绍一些与会议主题有关的基本情况。

【实际操作】

接到任务，张浩又开始忙碌起来。他首先认真阅读了公司这些年发展情况的有关资料，并认真回忆了在学校所学到的有关欢迎词写作的相关知识。

一、结构

欢迎词由标题、称呼、正文、落款四部分组成。

1. 标题

标题有两种形式：

（1）欢迎场合或对象+文种结构，如《在校庆 15 周年纪念会上的欢迎词》。

（2）直接用文种“欢迎词”做标题。

2. 称呼

提行顶格加冒号称呼对象。面对宾客，宜用亲切的尊称，如“亲爱的朋友”“尊敬的××领导”等。

3. 正文

一般包括三部分内容：

（1）开头：用一句话表示欢迎之意。

（2）说明欢迎的情由：可叙述彼此的交往、情谊，说明交往的意义。对初次来访者，可多介绍本组织的情况。

（3）结语：用敬语表示祝愿。

4. 落款

用于讲话的欢迎词无须落款。若需刊载，则应在题目下面或文末署上致辞单位名称，致词者身份、姓名，并在最后署上致词日期。

二、示例

经过认真准备，张浩顺利地写出了一篇热情洋溢的欢迎词。

在××服装机械有限公司成立二十周年庆典活动上的欢迎词

尊敬的各位领导、来宾、伙伴们、朋友们：

大家上午好！

刚刚撕去了2013年的最后一页，崭新的2014年，就携着即将展开的华丽篇章如期而至。在这新旧更替的大好时光，我们借××市国际会展中心这块宝地，与在座的各位共同分享我们的快乐。感谢您百忙之中抽出宝贵的时间，参加“××服装机械有限公司二十周年庆典”。在此，我谨代表××服装机械有限公司，对各位的到来表示最热烈和最衷心的感谢！

我们××服装机械有限公司，成立于1992年，是一家集设计、生产、销售为一体的专业制衣设备制造企业。公司成立以来，我们凭借自身的技术优势，并吸取国内外先进技术和经验，锐意进取、创新发展。经过20年的努力奋斗，我们从一个专业生产缝纫机系列产品的小公司，发展成今天拥有三家全资子公司和一家控股公司的大型集团公司，具备了独特的设计能力，成为同行业中的佼佼者。产品包括布料预缩机、多功能自动对边验布机、卷布机、松布机、抽湿烫台、全蒸汽熨斗、电加热蒸汽发生器、吸线头机，除油污机、黏合机、扫毛机、验针器、衣物烘干机等100多种产品。其中，“××”“×××”两大系列产品，已成为国内外知名品牌，畅销全国大中城市，并远销我国香港地区和东南亚地区各国，赢得了众多用户的认可。

在努力发展企业的同时，我们牢记社会责任，积极回馈社会。多年来，我们在各种公益活动中捐款数千万元。同时，我们还经常向社会困难弱势群体伸出援助之手。近十年来，我们先后援建了八所希望小学，由我们企业和单位职工个人捐助的贫困学生就有近千人，其中有300多人已经顺利完成了大学学习，走上工作岗位……

我们深知，能够取得今天的成绩，离不开政府的大力支持，离不开公司员工的辛勤工作、不断开拓，更离不开在座各位朋友的合作、鼓励与支持！今天，在满怀感恩的心情与大家分享成长和收获喜悦的时刻，我最想对在座各位说：感谢您，我的朋友。感谢您一直以来与我们同舟共济，一路同行！

公司过去20年的发展，为我们公司未来的发展奠定了坚实基础。我们深知，市场是不断变化的，愚者放弃机遇，弱者等待机遇，强者抓住机遇，智者创造机遇。未来几年，公司将围绕既定的战略方针，以创新力和执行力把握和创造市场机遇，不断加大产品开发力度，在开发更多新产品的同时，努力提高现有产品的科技含量，以不断的变革迎合市场的需求。同时，我们将始终坚持以促进经济与社会的全面发展、构建和谐社会作为企业发展的目标，关注民生和社会进步，努力以企业的持续发展推动社会的和谐发展。

我们相信，在朋友们的大力支持下，在全体员工的共同努力下，我们的明天一定会更加灿烂、美好！

最后，请允许我再次欢迎并感谢您的到来！再次感谢您长期以来的支持与厚爱！

祝您合家安康，事业发达！

谢谢大家！

××服装机械有限公司

2014年1月6日

【教学反思】

一、欢迎词写作要点

（1）注意对象。欢迎词通常用于对外交往。在各社会组织的对外交往中，所迎接的宾客可能是多方面，如上级领导、检查团、考察团等。来访目的的不同，欢迎的情由也应不同。欢迎词要有针对性，表达不同的情谊。

（2）注意场合。欢迎的场合、仪式是多种多样的。有隆重的欢迎大会、酒会、宴会、记者招待会；有一般的座谈会、展销会、订货会等。欢迎词要看场合说话，该严肃则严肃，该轻松则轻松。

（3）注意态度。对宾客的欢迎要出于真心，态度要热情诚恳、谦逊有礼，同时又要注意分寸，不亢不卑。

（4）注意称呼。由于是用于对外（本组织以外的宾客）交往，欢迎词的称呼比开幕词、闭幕词要更富感情色彩，更热情有礼。如果是针对个人，要称呼全名，并在后面加上职衔或“先生”“女士”等，以表尊重；还可在姓名前面加上“亲爱的”“尊敬的”“敬爱的”等敬语以示亲切。

（5）语言特点：

1）欢快感。古人云：“有朋自远方来，不亦乐乎。”欢迎词应表现一种愉快的心情，言词用语要富有激情，具有欢快感，表现出致辞人的真诚、热情，给客人以“宾至如归”的感觉，为下一步各种活动的完满举行打下良好的基础。

2）口语化。欢迎词是用来现场当面向宾客口头表达的，所以口语化是欢迎词文字上的必然要求，在遣词用语上要运用生活化的语言，既简洁又富有生活的情趣。口语化可拉近主人与来宾的距离，给人以亲切感。

【写作实训】

1. 到网上收集一些你认为写得好、有特色的欢迎词，并写几句点评，说明自己的推荐理由，上传到校园网或 QQ 群中与大家分享；也可对同学推荐的欢迎词做出自己的点评。

2. 与本小组同学合作，试着通过校园网了解本专业的发展历史及特色，假设本专业举行一个庆典活动，将会有学校的许多领导、老师和其他班级的同学代表来参加，请你们小组的同学以班委会或团支部的名义写一份欢迎词。

【活动三】活动方案

张浩前两个任务完成得非常好，领导非常看重他的才干，提出要把他调入办公室做自己的助手，继续委以重任。公司准备在庆典的系列活动中，策划一个舞蹈比赛活动，要求选拔出优秀的舞蹈节目，在公司周年庆典典礼上表演。领导把拟写舞蹈比赛活动方案的任务交给了张浩，张浩头都大了，到底什么是活动方案？这个方案都包括什么内容呢？

【知识链接】

一、基本概念

活动方案指的是为某一次活动所拟订的书面计划，具体行动实施办法细则、步骤等，对具体将要进行的活动进行书面的计划，对每个步骤进行详细分析、研究，以确保活动顺利、圆满举行。

二、活动方案的格式

（1）主题：（大标题）。

（2）前言：（概述）。

（3）开展活动意义：（为什么开展活动）。

（4）活动内容：（详细讲述该项活动的步骤及活动的项目）。

（5）活动执行时间：（包括时间段）。

（6）活动范围：（活动所针对的对象、区域）。

（7）人员配置：（按职能划分，将所有的工作任务细分至每位工作人员身上）。

（8）前期准备：（做好对活动前期的调查、宣传推广、活动设备的安排等工作）。

（9）工作内容：（提出工作要求，细分工作任务并提出具体要求）。

（10）活动目的：（描述预期效果）。

（11）效果评估（效益分析）：（预想活动后所得到的反应及达到的效果）。

（12）物料清单：（对所有用到的宣传材料、物品等做好登记工作）。

【实际操作】

一、活动方案名称

尽可能具体地写出方案名称，如“2014 元旦文艺晚会活动方案”，置于页面中央，当然也可以在写出正标题后将此作为副标题写在下面。

二、活动背景

这部分内容应根据活动方案的特点在以下项目中选取内容重点阐述。具体项目有：基本情况简介、主要执行对象、近期状况、组织部门、活动开展原因、社会影响以及相关目的动机。

三、活动目的、意义和目标

活动的目的与意义部分应用简洁明了的语言将其要点表述清楚。活动目标部分要具体化，并具有重要性、可行性、时效性等特点。

四、资源需要

列出所需人力资源、物力资源、使用的场所（如教室或活动中心），可以列为已有资源和需要资源两部分。

五、活动开展

活动开展作为策划的正文部分，表现方式要简洁明了，使人容易理解，但表述方面要力求详尽，写出每一点能设想到的细节，没有遗漏。在此部分中，不仅仅局限于用文字表述，也可适当加入统计图表等。策划的各工作项目，应按照时间的先后顺序排列，绘制实施时间表有助于方案核查。人员的组织配置、活动对象、相应权责及时间地点应在这部分加以说明。另外，执行的应变程序也应在这部分加以考虑。

六、经费预算

活动的各项费用在根据实际情况进行具体、周密的计算后，用清晰明了的形式列出。

七、活动负责人及主要参与者

注明组织者、参与者、嘉宾、组织单位（如果是小组策划应注明小组名称、负责人）。

八、示例

2014年××服装机械有限公司舞蹈大赛方案

公司员工：

为进一步丰富公司员工的业余文化生活，展现我公司员工朝气蓬勃、积极向上的精神面貌，为庆典典礼晚会选拔出优秀的舞蹈节目，公司决定开展员工舞蹈比赛活动。

一、活动主题

动感活力，舞动青春。

二、组织机构

主办单位：××公司。

三、参赛对象

我公司的所有员工皆可报名参加。

四、比赛要求

1. 比赛舞种

古典舞、民族舞、当代舞、现代舞、街舞。

2. 表演形式

（1）小型舞：单人舞、双人舞、三人舞。

（2）群舞：4人或4人以上，不超过30人的群体舞蹈表演。

3. 节目时长：3～6分钟。

4. 报送数量：每部门报送节目数量不超过两个。

5. 原创加分：鼓励创作。由员工原创的节目可加分。

五、评审方式及奖项设置

（1）初赛阶段：评委会按小型舞和群舞两种表演形式通过参赛视频选出入围决赛的节目。两种表演形式入围节目数量分别占各报送节目数量的50%。

（2）决赛阶段：进入决赛的作品须通过现场表演的形式，角逐最终奖项。

（3）比赛设一等奖、二等奖、三等奖和优秀奖，对认真组织、积极推荐参与本次比赛活动并取得优异成绩的部门授予“优秀组织部门”的荣誉称号。

六、报名方式及材料报送

（1）报送时间：截至2014年10月15日。

（2）报送方式：参赛作品以部门为单位统一报送。所有参赛节目必须制作为视频形式，并刻录成光盘；报送两个节目的要填写两张报名表，报名表需呈交纸质、电子版各一份。

七、其他说明

决赛时间初定于11月，具体时间另行通知。

八、联系方式

电子邮箱：zhanghao@vip.163.com 或 331500519@qq.com

联系人：张浩　1882009××××

附件：1. 2014年××服装机械有限公司员工舞蹈大赛报名表

2. 2014年××服装机械有限公司员工舞蹈大赛评分表

××服装机械有限公司办公室

2014年10月8日

【教学反思】

（1）上述方案只供参考，小型方案可以直接填充；大型方案可以不拘泥于表格，自行设计，力求内容详尽、页面美观。

（2）可以专门给活动方案书制作封页，力求简单，凝重；活动方案可以进行包装，如用设计的徽标做页眉，图文并茂等。

（3）如有附件可以附于活动方案后面，也可单独装订。

（4）活动方案需从纸张的长边装订。

（5）一个大活动方案，可以包括若干子方案。

【写作实训】

一、活动方案设计与活动组织

请同学们为本班设计一个活动，活动的各个环节都要慎重思考，周密设计，然后以活动方案的形式，将你的创意进行呈现。然后，由大家一致推选出最佳活动方案，在班上开展，活动方案拟写者为这次班级活动的主创人员。

二、实训模拟——活动策划

1. 实训内容与要求

（1）在调研的基础上，运用创造性思维，策划一项活动，制订计划书。要求：

1）所策划活动的内容与主题，由学生自选。选题要尽可能与所学专业业务相关。

2）应通过调研，占有较为充分的材料。

3）要运用创造性思维，所策划的活动一定要有创意。

4）要科学地规划有关要素，计划书的结构要合理、完整。

（2）在每个人进行个别策划的基础上，以模拟公司为单位，运用“头脑风暴法”等方法，组织深入研讨，形成活动的创意。

（3）进行系统的活动策划，编制活动策划书或计划书。

2. 成果与检测

（1）每个小组起草一份活动策划方案。

（2）以PPT的形式展示（每个小组派代言人在课堂上讲解）。

（3）由教师与学生共同对各公司的策划创意与计划编制进行评估，确定成绩。

3. 时间

PPT讲解时间：自定。

【活动四】简报

庆典结束后，办公室主管又交给张浩一项任务：写一份活动简报放在企业网上。小张又开始忙碌起来……

【知识链接】

一、概念

简报，从文字上来说，就是情况的简明报道，是机关、团体、个人、企业单位内部用来汇报工作、反映问题、沟通情况、指导工作、交流经验、传递信息、交流宣传的一种简短的带有新闻性质的文书材料。

二、特点

简报具有交流性、指导性、及时性等特点，因此简报又可称为“动态”“通讯”“反映情况”“内部参考”等；简报的写作格式较为固定，具有规范性。

三、种类

简报的种类繁多。根据内容，简报主要可以划分为工作简报、会议简报、科技简报、动态简报四大类。

【实际操作】

张浩想，活动简报应该和会议简报差不多吧？会议简报是会议期间为反映会议进展情况、会议发言中的意见和建议、会议决议事项等内容而编写的简报。那么，活动简报就应该将活动进程中的主要情况反映出来。简报具有及时性，活动简报是不是也可以称为“消息”呢？那么，它的写作是不是也就具有了“消息”的一些特点呢？

一、写法

简报一般由报头、报核（正文)、报尾三部分组成。其中报头和报尾是有固定格式化文本的，一般只需要根据简报的具体内容填写一些要素就行，如简报的报名“××简报”“××××简讯”等。所以，我们重点要学习的还是正文的写法。简报的正文一般由标题、正文两部分组成。

1. 标题

简报的标题跟新闻的标题有些类似，可分为单标题和双标题两种基本类型。

（1）单标题。将报道的核心事实或其主要意义概括为一句话作为标题，标题中间可以用空格的方式表示间隔，也可以加用标点符号。

（2）双标题。双标题有两种情况：①正题后加副题。正题，概括事实的性质；副题，补充叙述基本事实。②正题前面加引题。引题，指出作用和意义；正题，概括主要报道内容。

2. 正文

正文一般也包含三个部分。

（1）导语。导语是简报的开头语，要用简短的文字，准确地概括报道的内容，说明报道的宗旨，引导读者阅读全文。导语写作的总的要求是“开门见山”，一开始就切入基本事实或核心问题，给人一个明确的印象。

（2）主体。主体是简报的主要部分，它的任务是用足够的、典型的、富有说服力的材料把导语的内容加以具体化，用材料来说明观点。写好主体是编好简报的关键。主体的内容，或是反映具体的情况，或是介绍具体的做法，或是叙述取得的成绩和经验，或是指出存在的问题，或是几项兼而有之，要视具体情况而定，没有固定的框架。

（3）结尾。简报要不要结尾，因内容而定。事情比较单一，篇幅比较短小的，可以不写结尾，主体部分写完就结束，干净利落。事情比较复杂，内容较多的，可以写个结尾，对全文做一个小结，以加深读者印象。

二、示例

张浩根据自己掌握的知识和材料，很快写出一份简报。

××服装机械有限公司

成立二十周年庆典活动简报

××服装机械有限公司办公室　　　　　　2014年1月8日

总结、告别、展望

××市××服装机械有限公司成立二十周年大型庆典活动圆满举行。

2014年1月6日上午11时，××公司二十周年庆典活动在××市国际会展中心隆重举行。参加庆典活动的有××公司全体董事和部门、分公司、分厂领导及总公司全体员工。××市政府××副市长代表市委市政府到会祝贺。我市有关部门的领导以及与我公司合作多年的各协作单位、各地经销商代表也出席了本次庆典。

在庆典活动中，××服装机械有限公司董事长×××先生做了重要讲话。他首先代表公司董事会诚挚地感谢社会各界多年来对公司的帮助与支持。他强调公司能够取得今天的成绩，离不开政府的大力扶持与指导，离不开全体员工的辛勤工作和不断开拓，更离不开社会各界各位朋友的合作、关心与支持。而后，他回顾了公司二十年来的成长历程，提出了公司未来的发展思路，他表示公司将始终坚持以促进经济与社会的全面发展、构建和谐社会为企业发展的终极目标，关注民生和社会进步，努力以企业的持续发展推动社会的和谐发展。

最后，他再次对社会各界朋友表示感谢，并强调指出，在朋友们的大力支持下，只要全体员工踏踏实实、齐心协力、努力奋斗，公司的明天一定会更加美好、辉煌！

市领导××副市长也在庆典中发表了热情洋溢的讲话。他首先代表××市委、市政府对××服装机械有限公司成立二十周年华诞表示了热烈的祝贺，对前来参加庆典的各界朋友表示了热烈欢迎。在讲话中，他充分肯定了××服装机械有限公司二十年来不断开拓进取、努力拼搏取得的发展成绩。肯定了我公司多年来积极履行社会责任，努力回报社会、扶贫济困的高度社会责任感。肯定了我公司为××市的区域经济发展做出了巨大的贡献。他代表市委、市政府向我公司表示了诚挚的谢意，并希望我公司在今后的发展道路上，能够一如既往地锐意创新、与时俱进、奋发图强、努力创新，不断用智慧与真诚去开启未来！

在庆典活动中，公司表扬和奖励了部分优秀员工，××分公司的李××和×××分厂的黄××代表获奖员工讲了话。庆典上，公司还对部分关心公司发展，经常为公司献计献策的退休老员工代表边××、都××、王××颁发了荣誉证书及新年慰问金。

而后，在市委领导、来宾代表和全体董事会成员的共同提议下，与会人员一起举起酒杯，在“共同祝愿明天更加美好”的欢呼声中，庆典酒会圆满落幕。

酒会后，开展了丰富多彩的游园活动，××副市长和来宾们也兴致勃勃地参与了多项活动。下午四点，庆典活动在热烈而祥和的气氛中顺利结束。

报：××××　××××　××××

送：×××　×××　×××××××

发：××××　××××　××××

（共印×份）

【教学反思】

简报写作要点

（1）选材要准，简报不能有事就报，它要注意从企业的中心工作和单位阶段工作的需要出发，选取那些最有指引意义或必须引起重视的经验、状况和问题，予以全面实事求是的报道。那种捡起芝麻丢掉西瓜，或者只看表象忽视实际，误把芝麻当西瓜的做法是必须避免的。

（2）速度要快。简报也是一种“报”，它有新闻性。这就要求简报的编写应该求快，对于工作中、会议中出现的新动向、新经验、新问题，编写者要及时地予以捕捉，并用最快的速度予以报道，否则，失去了新闻性、时效性，简报就会降低其指导意义，乃至完全失去它应有的作用。

（3）文字要简。简报的一个“简”字，代表了简报的基本特性，为了体现这一特征，作者在编写简报时首先要注意选材精当，不求面面俱到；其次，要求文字简洁，对事物做概括的反映。一篇简报最好是千把字，最多不超过两千字，篇幅过长、文字过繁的做法，是不适于简报编写的。

【写作实训】

阅读以下有关简报分类的知识，说说上述实例属于其中哪一类，并简述理由。

（1）工作简报——为了推动日常工作而写的简报，也是简报中最常见的一种形式，它的任务是及时反映工作进展状况，交流工作中取得的经验或指出工作中存在的问题，为上级领导和下级工作人员及时了解、掌握工作情况服务，要注意迅速及时，并围绕工作重心，突出重点，抓好典型。

（2）专题简报——针对某项工作、任务、活动而写的专项简报。它与工作简报的差别是前者的编写面向全局，有较强的广泛性；而后者则目标单一，有较强的针对性。专题简报的撰写是伴随着某项工作、任务、活动的开展而进行的，工作、任务、活动宣告结束，简报的编写也就停止，因而它比工作简报更注重时效性。

（3）会议简报——在会议期间为了反映会议情况而写的简报。它可以是一次性的，也可以是连续性的。其内容主要包括主要的报告、演讲、会议决议、讨论发言、会议动态及其重要状况。会议简报是专为会议服务的，会议结束了，简报也就停办了。因此它是阶段性的简报。

任务四

职场之路

任务启动

陈浩是一个有目标且很有头脑的小伙子，在技校毕业前夕，他整天忙着写求职信、投简历，终于成功地将自己推介给了××公司。雇主让他签订用工合同，他了解了合同的相关知识后，认真阅读了用工合同的条款并在雇主起草的用工合同上签字，就这样踏入职场了。他不想过那种“做一天和尚撞一天钟”的日子，为了尽快适应职场生活并谋求更大的发展，他为自己制订了切实可行的计划。进入公司一年后，他已成为单位业务骨干。在完成一次活动后，他还代表部门进行了总结。

【活动一】求职信

在新的就业形势面前，学会适时地推介自己，把握机遇，是当代职业院校学生必须掌握的技能之一。吸引人的求职信，是获取面试机会的敲门砖，写一份“动人”的求职信，是求职者的首要工作。

【知识链接】

一、概念

求职信也称自荐书（信），是求职者向用人单位介绍本人的有关情况，表明求职意图，希望对方予以任用的一种专用书信。

二、特点

1. 自荐性

求职信是求职者向用人单位介绍自身适合应聘的条件和突出的优势，所以自荐性是求职信最主要的特点。

2. 表现性

求职者在求职信中要根据对方的需要扬己之长，避己之短。如某职业强调对外协商业务，则应在求职信中突出自己的沟通协调能力；如某职业强调内务工作，则应在求职信中突出自己具有脚踏实地的实干精神。

3. 真实性

求职信的内容应该真实，推介语言要中肯，推介态度要诚恳。

【实际操作】

了解了求职信的概念与特点，陈浩为自己将要写的求职信拟了一份提纲，他认为在信中应该写上以下内容：

（1）开头短语（向对方表示意愿、恳请，表明求职意图）。

（2）本人基本情况简介（包括姓名、性别、年龄、政治面貌、学历等）。

（3）自荐的理由和求职目标（包括自己的有关经历、专业特长、所获奖励、适合从事何种工作等)。

(4)表明态度与决心。

一、写法

1. 标题

首页上方居中写“求职信”“自荐书”或“××的自我推荐信”。

2. 称呼

标题下空一行顶格写收信单位名称或领导人姓名,可加“尊敬的”一类敬语,以示尊重与郑重。

3. 正文

正文是求职信的核心部分,主要包括开头、主体、结尾三部分。

(1)开头往往用于说明职位信息来源、应聘岗位名称等内容。

(2)主体部分是介绍求职者的基本情况、成绩、表现、工作经历及特长、爱好等内容,要注意针对所申请的职位,说明自己的能力。

(3)结尾往往是提出希望,请对方给予答复,并给予参加面试的机会,最后加上祝福性的话语。

4. 附件

求职信的后面都要附寄一些证明文件,如毕业证、获奖荣誉证书、专业技能等级证书等的复印件以及简历。附件名称要写在求职信的左下方。

5. 落款

在正文的右下方写上求职者的姓名和写信日期。姓名后可用“敬上”“谨上”等词语表示礼貌。在落款之下还可以写上联系方式,包括通信地址、邮政编码、联系电话等。

二、示例

求 职 信

尊敬的周先生:

感谢您在百忙之中阅读我的求职信。我从网上得知贵公司招聘文员,故向贵公司申请办公室文员职位。我毕业于××职业技术学校的文秘专业,学习的专业课程有秘书学、社交礼仪等,专业成绩优秀。我还通过了全国计算机信息高新技术办公软件应用模板高级操作员（国家职业资格三级）考试，获得了职业资格证书。此外，我还曾担任学生会宣传干事，获得普通话二级甲等证书和第七届全国中等职业学校“文明风采”竞赛征文一等奖。我愿意用我的专业能力与组织能力在贵公司获得工作的成功和您的认可。

随信附有我的个人简历，如有机会接受您的面试，我将十分感谢。

此致

敬礼

求职者：陈浩

2014 年 12 月 1 日

【教学反思】

（1）对不同的雇主和行业，你的求职信要量体裁衣。

（2）提出你能为未来雇主做些什么，而不是他们为你做什么。

（3）集中精力于具体的职业目标。

（4）不要对你的求职情形或人生状况说任何消极的话。

（5）直奔主题，不要唠叨。

（6）任何打印或拼写错误都要避免。

（7）在你递交之前先请其他人审阅一下。

（8）所有发信都要有备份存档，包括你的信件、传真、电子邮件，并把记录保存，以便进行下一步行动。

【写作实训】

1. 请指出下面求职信中的错误并改正。

求　职　信

××服装厂:

前天我接到我的老同学李明的来信，说贵厂公开招聘生产管理员。我是××学校企业管理专业的毕业生，在学校读书时，学习成绩优秀，爱好体育运动，是学校篮球队的队员。贵厂就设在我的家乡，我想办法，回家乡工作正合我的心意，而且生产管理员的职务也和我所学的专业对口。不知贵厂是否同意，请立即给我回信。

××谨上

2014 年 4 月 20 日

2. 向实习或就业机构写一份求职信。

【活动二】个人简历

如何能使你在众多求职者中凸显出来？如何证明你是适合这份工作的最佳人选？陈浩知道仅靠一封求职信是很难达到这一目的的。于是，他开始整理起自己的资料，准备做一个能展现自己魅力的完美简历。完美的简历就是能达到面试这一目标的简历，当简历使你的名字收入面试候选人的名单时，你就迈出了成功的第一步。

【知识链接】

100 份简历中有多少份是合格的？不到 10 份。简历太长，注水太多，过分谦虚，太过花哨，已成为毕业生简历的硬伤，往往使他们出师不利，失掉面试的机会。

——某知名 IT 企业 HRM

其实简历一页就足够，两页已经太长了。

——远大集团 HRM 王志宇

我每天用半小时浏览 50 份或更多的简历，如果前 10 秒钟未能发现任何成果表述，那么这份简历就成为历史了。

——某外企人力资源主管

一、概念

个人简历，又称履历，是对某个人生活、学习、工作及其经历、成绩等的高度概括。

二、格式

一种是条文式，按年月顺序列出某人的学习、工作经历；一种是表格式，根据需要有选择性地列出学习、工作经历。

三、特点

（1）信息必须真实准确，如姓名、性别、年龄、籍贯、政治面貌等个人信息一定要是准确的。

（2）综合反映个人各方面的素质，如工作情况、工作经验（或经历）、学业成绩、社会实践等，让对方能更多地了解自己。

（3）要有相应的佐证材料，如要有学历、工作经历、成绩等证书和资料的复印件做佐证。

【实际操作】

一、写法

一封完整的简历包括封面设计、求职信、个人信息、推荐意见、证明材料。

1. 封面设计

（1）不必太追求标新立异，以庄重、朴实为宜。

（2）要突出重点信息，如毕业学校、专业、姓名、联系电话、电子邮箱地址等。

2. 简历正文

简历正文包括个人基本信息、职业目标（求职意向）、教育背景、所受奖励、社会实践（任职、兼职、培训、实习）、专业认证（计算机、英语、驾照等）、自我评价等。

（1）个人基本情况包括姓名、性别、年龄、籍贯、政治面貌、职务（职称）、工作单位、从事专业（工种）、健康状况、家庭地址、联系方式等。

（2）学历情况包括学习起止时间、所学专业、担任职务等。

（3）工作情况要详细列明工作过的单位、职位、时间、工作性质等。

3. 简历的内容要求

（1）真实可靠。

（2）长度和厚度恰当，不宜过长、过厚。

（3）关注要点。

（4）有针对性。

二、示例

个人简历

姓 名	陈浩	性 别	男	（照片）
民 族	汉 族	籍 贯	广东中山	
出生日期	1996.01	婚姻状况	否	
学 历	中专	身高	173 厘米	
专 业	文秘	健康情况	健康	
求职意向	前台文员、办公室文员			
毕业院校	振华技师学院	邮 编	528429	
联系电话	1355690×××	电子邮箱	×××××××××@qq.com	
语言能力	国粤语熟练			
主修课程	商务英语、文秘、礼仪、广告基础、办公软件等			
个人技能	1. 国家计算机 1 级证书（基本掌握办公软件的使用） 2. 英语 1 级证书 3. 秘书初级证			
工作经验	2012 年 7 月至 2012 年 8 月在×××网吧做前台接待兼收银员 2013 年 4 月至 7 月在×××商场××专柜做销售员主管			
兴趣爱好	唱歌、交际、写作			
自我评价	本人性格开朗、为人诚恳、乐观向上、兴趣广泛，拥有较强的适应能力。近两年的社会实践经历，使本人拥有较强的口头表达能力和交际能力			

【教学反思】

一、内容实事求是

如实介绍自己的情况，不夸大其词，主要突出自己的专业及特长，体现优势，反映自己的素质。

二、语言言简意明

语言简洁精练，平实准确，把最能体现自己才能的事实表达出来。

【写作实训】

请你给自己拟一则表格式的个人简历。

【活动三】劳动合同

陈浩求职成功后，用人单位通知他去签订劳动合同。为了维护自己的权益，他仔细学习了劳动合同的相关知识，特别是劳动合同应该包含的内容。待一切准备好后，他才去公司愉快地签订了劳动合同。你想了解劳动合同的相关知识吗？

【知识链接】

一、概念

劳动合同也叫用工合同，是劳动者与用人单位之间确立劳动关系，在平等自愿的基础上明确双方权利和义务的协议。劳动合同是劳动者和用人单位之间存在劳动关系的证明文件和解决劳动纠纷的重要依据。

二、特点

劳动合同具有合法性，签订劳动合同的双方是平等的，执行合同带有法律的强制性。

【实际操作】

签订劳动合同时，首先要检查合同的结构，看合同应该具有的要素是否齐全。一般来说，劳动合同由标题、正文、签署人和日期三部分构成。

一、写法

1. 标题

可直接命名为“劳动合同”“劳动合同书”“聘用合同”“用

工合同”。

2. 正文

这部分是合同的主体。首先应写明签订合同双方的相关信息，用人单位要写单位全称、法定代表人、单位地址、经济类型、联系电话等，劳动者要写明自己的姓名、住址、居民身份证号码和联系电话等，有些用人单位还要求写明劳动者健康证的号码。合同双方以甲方和乙方的形式出现。

涉及合同双方权利义务的内容至少要包括以下几个方面：

（1）合同期限。这是双方履行劳动合同的有效期限，经过双方协商，可约定为固定期限、无固定期限。合同期限不明确则无法确定合同何时终止，容易引发争议，因此一定要在合同中明确双方签订的是何种期限的合同。

（2）工作任务。用人单位应该在合同中明确告知将劳动者安排在什么岗位上，承担什么工作。合同签订后，如果用人单位要变更劳动者的工作岗位与任务，则需经劳动者同意。

（3）工作时间。合同中必须明确该工作岗位是几小时工作制，是日班还是夜班，是正常工作还是不定时工作制，或者是综合计算工时制。总之，休息休假是每个国家的公民都应享有的权利。

（4）劳动报酬。这是劳动合同中必不可少的内容。劳动合同中应该明确支付给劳动者的工资标准、工资支付办法、加班加点工资及津贴、奖金分配办法，还应包括试用期及病、事假等期间的工资待遇等。劳动合同中有关劳动报酬条款的约定，要符合我国有关最低工资标准的规定。

（5）劳动保护。合同中应明确规定用人单位按照有关法律、法规的规定履行对劳动者的劳动保护义务。

（6）社会保险。这是由国家强制实施，劳动合同中不可缺少的内容。

（7）劳动纪律。合同应规定劳动者应该遵守的用人单位根据相关法规制定的工作制度。

（8）劳动合同的变更和解除。合同双方经协商可以变更和解除劳动合同，合同内应明确用人单位辞退劳动者和劳动者辞职的相关条款。

（9）违约责任。双方违约时应承担的相应责任。

（10）其他约定事项。根据实际情况而定。

3. 签署人和日期

劳动者要署上自己的姓名、联系方式等，用人单位必须署上单位全称、相关人员签名并加盖单位公章，最后分别写上双方签署合同的日期。

二、示例

劳动合同书

甲方：

法定代表人：

注册地址：

经营地址：

乙方：

居民身份证号码：

现居住地址：

邮政编码：

根据《中华人民共和国劳动合同法》及有关法律法规规定，甲乙双方本着平等自愿、协调一致、合法公平、诚实信用的原则，签订劳动合同，并且承诺共同遵守：

第一条　合同期限

自　　年　　月　　日起至　　年　　月　　日止。合同期满，本合同自行终止。如甲方需要继续留用，经乙方同意，双方可以续订合同，并办理有关手续。

第二条　工作任务

甲方根据工作需要，安排乙方在　　岗位，承担　　工作任务。乙方若同意，须服从。在合同期内甲方因调整工作任务，需要变更乙方的岗位和任务，需经乙方同意。如乙方不同意，可提出辞职，双方办理解除合同手续。

第三条　劳动时间

甲方实行每周　　日，每日　　小时工作制。确因工作需要加班加点的，要提前通知乙方，由甲乙双方商定，按规定发给加班加点费。

第四条　劳动报酬

按国家有关规定和单位的实际情况，根据乙方的岗位和所承担的任务，甲乙双方协商定为每月　　元。加班工资，按不低于国家规定的标准执行。具体办法在本合同双方约定栏中约定。

第五条 劳动保护

……

第六条 社会保险和福利待遇

……

第七条 劳动法律

……

第八条 劳动合同的变更与解除

……

第九条 违约责任

……

第十条 其他需要约定的事项

……

本合同一式　　份，自双方签字盖章之日起生效；双方至少各执一份。甲方应按规定建立职工名册备查，并向劳动部门办理备案手续。

甲方（盖章）:　　　　　　　　　乙方（盖章）:

法定代表人、负责人:　　　　　　联系电话:

年　月　日　　　　　　　　　　年　月　日

【教学反思】

一、符合法律规定

签订劳动合同必须以《中华人民共和国劳动合同法》为法律依据，必须遵守国家的法律法规。

二、谨慎准备，逐条审查

谨慎准备是指订立合同之前要做细致入微的调查研究工作。合同的主要条款应齐备，如果缺少了某些内容，或内容不严谨，都可能造成合同纠纷。

三、劳动合同签约八大陷阱

1. 口头劳动合同陷阱

2. 企业不当面签字陷阱

3. 格式合同陷阱

4. 简单合同陷阱

5. 生死劳动合同陷阱
6. 劳动合同陷阱
7. 阴阳合同陷阱
8. 抵押合同陷阱

【写作实训】

1. 拟定企业劳动合同书。

【背景资料】

小王是北京中关村某A高科技公司的劳资专员。该公司考虑到原劳动合同随着新《中华人民共和国劳动合同法》的实施，其内容条款方面存在很多与新法相抵触的地方，急需拟定一份新的企业合同文本。该公司100多人，人员组成层次性较强，从工作时间来看，既有工作不满一年的劳动者，也有工作四五年甚至十五年的老劳动者。从用工类别来看，既有全职职工、合作公司派来的技术支持人员、从派遣公司派来的工作人员，还有每天从事工作时间不超过两小时的保洁员。

该公司试用期劳动者流动性大，原因有两方面：一方面是新进人员不合格;另一方面是劳动者工作几天后感觉不太适应自动离职。

在修改劳动合同的征求意见会上，大家的讨论如下：

营销总监：我认为不能不收销售员的押金，如果不收押金，机器丢了谁来负责？所以收取销售员押金的条款应在合同中保留。

研发总监：我建议工作地点最好不写，或概括地写，不然劳动者总不愿去别处工作。

财务经理：能不能在合同中加一条，有些扣款可以在工资中直接全部扣除。

行政经理：要把损坏机器、不注意节约用纸等行为，定为严重违纪，写到合同中去。

公关经理：各位，我认为我们以前的合同写得太冗长，这次最好简略一些。

人事总监：大家说得都很好，但也存在一些问题，这样吧，今天大家的意见我们会记下来研究一下，然后由小王起草一个新的劳动合同文本，到时大家再讨论一下。

【练习要求】

如果你是小王，根据上述情况拟定一份在 2014 年 1 月 1 号起正式启用的劳动合同。

2. **分析下面的合同存在什么问题。**

订货合同

本合同订立于 1999 年 6 月 15 日，以××进出口公司为甲方，以××贸易有限公司为乙方。

本合同规定：

甲方为考虑乙方对其所做承诺，特与乙方达成协议，由甲方负责于今年 6 月至 12 月，在××市交付国产钢材 4000 吨，保证质量并可在工业市场行销，并按下列特定期限，分批交货：8 月 6 日以前，交 2000 吨；10 月 20 日以前，再交 1000 吨；至 12 月 31 日前，全数 4000 吨全部交清。

乙方为让甲方迅速履行本合同，与甲方达成协议，对上述钢材支付每吨人民币×××元，货到立付。

如订立合同的任何一方未履行协议，根据本合同规定并经双方同意：违约一方应向对方赔款人民币×××元，作为议定之损失补偿。

以昭信守起见，订约双方签名于下：

订约人：××进出口总公司（经理）×××　　××贸易公司（经理）×××

公证人：×××　　×××

【活动四】计划

陈浩不希望成为时下网友们热议的“职场问题人士”，他希望能顺利通过公司三个月的试用期。古人说“凡事预则立，不预则废”，他想为自己制订一份试用期内的职场工作计划，从而增强工作的主动性，减少盲目性，顺利适应自己的职场生活。

【知识链接】

一、概念

计划是对未来一定时期内要完成的工作、学习、生产任务提出预期目标，制定相应步骤和措施而写作的一种应用文。

二、特点

计划是为了顺利完成未来工作而制订的，因此具有很强的目的性与预见性；计划又是未来一定阶段的具体行动纲领，因此具有可行性；计划在执行过程中如发现原计划内容和实际情况不符，应及时调整、修改和补充，进一步完善，因此具有可变性。

【实际操作】

制订计划前，要先想想自己究竟想达到什么样的目标，分几步去实现这个目标，以及为确保目标实现准备采取的措施和方法。这就是通常所说的计划的三要素，即目标、步骤、措施。

一、写法

计划没有统一的格式，可以写成一篇叙述的文字，也可以分条分项列出，还可以采用表格的形式写出，或者既有表格，又有文字的叙述和说明。一般来讲，计划包括标题、正文、落款三个部分。

1. 标题

标题一般包括单位名称、适用期限、计划内容和文种，也可以省略某些要素，但必须包括计划内容和文种。如“××技师学院 2014—2015 学年度教学工作计划”“2015 年学习计划”“科研工作计划”等。

2. 正文

（1）前言。简明扼要地写清楚制订计划的目的和要求、指导思想、理论依据等。一般用“为了……”“根据……”之类的介词结构起句，然后用“为此，特制订计划如下”等过渡语转入主体部分。

（2）目标。回答“做什么”的问题，提出明确的目标、主要的任务。

（3）步骤和措施。步骤是指工作的程序和时间安排，先做什么，后做什么，必须写得合情合理。措施是指达到既定目标需要采取什么方法，动员哪些力量，创造哪些条件等。

（4）结语。在正文末尾提出希望和号召。这部分可写可不写。

3. 落款

落款包括制订计划的单位或个人的名称、日期两项内容。标题已有单位名称的，落款处可只写制订计划的日期。

二、示例

试用期学习工作计划

为了尽快适应职场生活，增强工作的主动性，顺利通过试用期的考核，制订试用期工作计划如下：

一、目标

通过为期三个月的试用期工作，理解公司的经营理念，初步知悉公司的经营模式，适应工作岗位。认识同部门的所有人，与同事建立起和谐的人际关系，树立勤快、好学、踏实的职场新人形象。

二、工作安排

（1）在10天内认识同部门的所有人，在30天内认识与工作有关系的绝大多数人，争取让我认识的人也认识我。

（2）第一个月对公司相关资料进行研究学习，熟悉公司的相关制度，了解公司的情况，熟悉并适应工作环境。

（3）加强个人专业技能训练，进一步提高计算机录入速度，业余时间阅读专业书籍两本，提高工作业务能力。

三、措施

（1）摆正心态，虚心接受别人的建议，努力完善自己。

（2）做事有始有终，干活不挑不拣，不计较分内与分外的工作，力求干好任何一件小事。

（3）培养业余爱好，重视体育锻炼，提高身体与心理素质。

（4）休息时间多与领导、同事交流，增强团队意识，尽快融入工作团队。

陈浩

2014年6月

【教学反思】

（1）计划只是一个统称，日常工作中用到的规划、设想、要点、方案、安排等也都属于计划的范畴。

（2）制订计划一定要从实际出发，量力而行，目标不应定得过高或过低。

（3）计划步骤写得越具体明确，操作性就越强。

【写作实训】

综合自身实际，制订一份语文学习计划。

【活动五】总结

陈浩自进公司以来，由于工作认真负责，业务能力较强，颇得部门经理的信任。为了搞好元旦期间的促销活动，公司从各个部门抽调人员组成活动领导小组，陈浩代表男装部参加了这个小组，从制订促销活动方案开始，到完成整个活动的各个环节，他都表现得非常出色。活动结束后，公司要求对这次促销活动进行总结，得出经验与教训，以利于今后工作的开展。于是陈浩又展开了新一轮的学习。

【知识链接】

一、概念

总结是对前一段的实践活动进行回顾和分析，从中提炼经验，找出教训，从而形成的书面材料，目的是更好地指导今后的工作。

二、特点

1. 客观性

客观事实是总结的基础，写总结要以实际工作活动为依据做客观分析，因此总结具有客观性。

2. 理论性

由于总结不是对过去活动的简单“复述”，必须提炼出规律性的东西，所以它还具有理论性。

【实际操作】

陈浩从取得的经验、存在的问题两个方面对这次促销活动进行了认真的分析，想好了今后的打算后，才开始动笔写这份总结。

一、写法

总结，一般包括标题、正文、落款三部分。

1. 标题

总结的标题主要有两种：一种包括单位名称、时限、内容和文种，如《××学校创先争优活动总结》，内容和文种必须出现在这种形式的标题中；另一种是文章式标题，即只概括主要内容或揭示主题，不出现“总结”字样，如《深入开展“五五”行动，大力推进创先争优》。

2. 正文

（1）前言。简明扼要地概述基本情况，交代工作、生产、学习等活动的目的、依据、时间、背景等，点明主旨或说明成绩。一般用“现将有关工作具体总结如下”“我们主要开展了以下几方面的工作”等过渡语转入主体部分。

（2）主体。主要写明取得的成绩和经验，问题和教训，对今后的打算，要在全面回顾工作情况的基础上，分析取得成绩的原因与做法以及存在的问题，揭示出工作中带有规律性的东西。

3. 落款

落款包括写作总结的单位或个人的名称、日期两项内容。标题中已有单位名称的，落款处可只写进行总结的日期。

二、示例

元旦促销活动总结

今年元旦期间的促销活动从2013年12月31日至2014年1月3日，为期4天。除去节日期间的自然增长，通过此次活动销售额实际增长率达到了28%。现将有关情况具体总结如下：

一、主要内容

（1）精心制订活动方案。从活动时间、活动宣传、礼品设计、执行人、效果预估、费用预估等多方面对促销活动进行策划，以保证活动的顺利开展。

（2）认真选择平台宣传。联系了三家刊物进行宣传，并制作了展板和展架，进行了广泛的宣传。

（3）细分责任落实到人。为了避免在促销过程中出现环节的失控，制定了明确的岗位职责、培训手册，对参与促销的所有人员进行培训，让执行者明确自己所扮演的角色，了解活动期间每天的细分工作流程以及要填报的信息表单，并且明确了相应的奖惩方法。

（4）注重强化过程管理。在各岗位、各工作环节之间建立了管理表单，包括促销员工作日报表、促销日程表、促销效果检核表、促销费用支出单等。疏通检核、督办、复命渠道，增加危机预警处理功能。

二、存在的问题

（1）宣传范围不够广泛，目标群体偏离。本次选择的媒体平台知名度不是很高，目标群体有所偏离。

（2）礼品发放数量估计不准。本次促销活动，礼品实际发放数量比估计数量少了30%，在估计礼品发放数量时参考了畅销品牌销售记录，然而几家畅销品牌没有参加这次活动，影响了活动效果，礼品也准备过多。

（3）营利部门与非营利部门沟通不足。各楼层部分专厅没能及时将促销信息反馈给企划部，致使活动方案漏掉了个别专厅活动，影响了销售额。

今后的促销活动应该注重对市场背景的调查，制订周密的计划，强调各部门之间的配合，并加大执行力度。

××百货市场部

2014年1月8日

【教学反思】

（1）总结是总结类文书常用的名称，它有时还被称为"小结""回顾""休会""经验"等。

（2）写作总结需要充分占有材料，实事求是地反映情况。

（3）认真分析材料，找出规律性的东西。

（4）总结过去是为了指导将来，所以总结具有指导性，应在总结的最后写出今后的打算或努力的方向。

【写作实训】

1. 在写作总结时，主要应该从前阶段工作中提炼出哪些方面的内容，以利于今后工作的开展？

2. 请对你班最近一次班会活动进行总结。

【活动六】述职报告

陈浩由于工作出色，一年后，被公司总经理任命为客服部经理。任职期满一年后，他在公司员工代表大会上做工作述职报告。

【知识链接】

一、概念

《孟子·梁惠王下》中就有“述职”一词及解释：“诸侯朝于天子曰述职——述职者，述所职也。”这种述职可以是口头的，也可以是书面的，而书面的陈述，实际上就是一种“述职报告”。今天的述职报告是任职者陈述自己任职情况，评议自己任职能力，接受上级领导考核和群众监督的一种应用文。

述职报告最初曾用“总结”或“汇报”的形式出现，经过一段时间的使用，并随着人事管理制度改革的不断深入和责任制、聘任制的不断完善，逐步形成了独具特色的体式，最终形成了一种新的应用文体。

二、特点

述职报告具体有以下特点：

1. 履职的自鉴性

述职报告是述职人对自己任职期间德、能、勤、绩等方面的情况做自我定性、

自我评估、自我鉴定。一定要本着对自己、组织、群众负责的态度，认真对待。

2. 内容的纪实性

写述职报告要以纪实为主，实实在在地写已进行的工作和活动，原原本本地反映其本来的面目。不能弄虚作假、内容不详，添油加醋、借题发挥，无中生有、胡编乱造。

3. 表达的直陈性

述职报告的表达方式以叙述为主，运用明白流畅的语言直接写做过的事或开展过的活动，一般不议论或论证。

4. 思路的明确性

写述职报告时，对工作的走向及前因后果，要说得清、道得明，“能见度”高；叙述要简明扼要，条理清晰，使人听了了然于心，易于判断。

5. 语气的谦诚性

述职者就是被考核者，要接受评议、监督，在报告履职情况时，口气应礼貌、谦虚、诚恳、朴实、大方。

【实际操作】

一、写法

述职报告一般应包括标题、称谓、正文、落款等四部分。

1. 标题

（1）单独使用文种，如“述职报告”。

（2）任职时间或名称+文种，如“2014 年述职报告”。

（3）新闻式双标题。新闻式标题，分单行标题和双行标题两种。单行标题如“开拓市场，积极进取”；双行标题如“抓住机遇迎接挑战——×××经理述职报告”“在困难中开创××工作的新局面——我的述职报告”。

2. 称谓

述职报告一般要当众宣读，所以应选择好恰当的称呼，它是述职者对听众的称呼，如“各位代表（委员）、同志们”等，应顶格写。

3. 正文

它一般由引言、主体、结尾构成，主要回答“干了些什么”“怎样干的”“干得怎么样”等问题。

（1）引言。概述述职者的基本情况，如姓名、职务、任职时间、岗位职责及年度工作目标或任务。

（2）主体。主要写工作业绩，如贯彻执行党和国家方针政策情况，上级交办事项完成情况，分管工作任务的完成情况等。具体来说，要说明做了哪些实际工作，取得哪些业绩等，要细致地将过程、效果或失误及认识表述出来。这一部分是述职报告的关键内容，一定要精心构思，写出特色。

（3）结尾。写存在的问题及原因，今后改进意见和措施，也可以简述一下对自己的评价，并表明自己的态度，最后以“谢谢大家”“以上是我的述职，谢谢各位”“以上报告，请领导和同志们指正”等惯用语结束。

4. 落款

落款写述职者的单位名称、姓名和述职时间。

二、示例

述职报告

尊敬的各位领导、同事们：

我于201×年6月担任客服部经理一职，至今将近一年。

蓦然回首，感慨万千。一年来，我在公司各级领导的亲切关怀和培养下成长迅速，业务水平不断提高，综合素质也上了一个新台阶。特别是被公司任命为客服部经理后，我得到了更好更全面的锻炼。责任重于泰山，我身上肩负的责任促使我不断努力学习掌握新的知识，创新管理办法，加强和同事的沟通协调；对于工作中出现的问题，我“举一反三”地开展自检自查，努力将问题和投诉消灭在萌芽状态。同时，自觉遵守和支持酒店及部门的方针决策，积极引导员工贯彻落实。

回顾过去，我主要做了以下几点工作：

一、不断学习新知识，努力适应新环境。我们公司是一个精英云集的地方，面对各种压力和挑战，我以只争朝夕的精神努力学习各方面的知识，争取实现后发赶超。主要做法有：

1. 虚心请教资深的老员工和领导。

2. 在重复的工作中寻求突破点，注意细节，对存在的问题开展研究，对客人的心理进行揣摩。例如，贵宾×××住店时，我在首次服务后用小本子记下客人的喜好，包括喜欢的食物、酒水以及习惯等，在以后的服务中开展针对性的服务。

3. 通过专业书籍和上网查阅相关资料，了解前沿知识。

4. 根据经验和所学知识，结合西餐厅情况，针对客人的现实需求开展细节的调整。

二、创新管理方法，注重员工心理。初次担任管理职务，如何管理好、发挥好、团结好这个队伍是我需要解决的最迫切的问题，管理人员的管理办法事关整个团队的优秀与否，也凸显出管理人员本身驾驭全局的能力和人格魅力。我在平日的管理工作中注重以下几方面：

1. 努力破除不利于团队成长，不利于业务水平提高的机制。

2. 注重发挥员工的爱好和特长，尽量部署员工以合适的工作，以实现人尽其能的目的。

3. 重视员工对工作的建议和意见，采纳合理建议。

4. 以谈心聊天的方式了解员工的心理状态，积极引导员工思想，激励员工努力上进。

三、强化细节服务，实现完美标准。“细节决定成败”这一道理在实践经验过程中得到了充分的印证，一些人认为“成大事者不拘小节”，但事实恰恰相反，服务行业性质特殊，它规定从业者除需具备良好的心态外，还要做到“三勤”。因此，我们的工作就必须具有敏锐的洞察力，想客人之所想，以专业的水准让客人享受到物超所值的服务。但要真正做好这一点却非常有难度，虽然如此，我们还是要尽力去做好，我个人在这方面的做法有：

1. 通过注意客人的言谈举止判断其需要，进而开展个性化服务，这里要注意的是客人说话的语气、表情、动作等。

2. 悉心服务，每一个姿势、微笑都要力求完美，让客人觉得接受我的服务是一种享受。

3. 培养员工对细节的注意，无论是生活还是工作上都要如此。特别是对于员工在直接对客人细节服务过程中出现的毛病，要明确指出并为其更正，以使员工养成良好的习惯，这于公于私都是有益的。

坦率地说，我在这一年里是取得了一点成绩，同时也存在着诸多不足。比如我在管理过程中的力度还不够大，奖惩不严等，这些都彰显出我的管理能力还有待提升。下一步，我会逐步加大执行力度，以更加严格的标准约束自己和员工同事，不断提高服务质量。

我所获得的每一次进步，取得的每一份荣耀，都离不开酒店和部门领导对我的帮助，离不开同事们的大力支持。感谢各位领导对我的培养和厚爱，感谢同事们对我的肯定和关心。

回首往事，备感岁月峥嵘；展望未来，事业催人奋进！新的年度，新的起点，有各位领导和同事一如既往的关心，我一定再接再厉，不负众望，为公司的未来贡献出自己的一份力量。

××公司　陈浩

201×年6月1日

【教学反思】

（1）内容要客观。述职报告要实事求是，要讲真话，讲实话，讲心里话，以诚感人。

（2）重点要突出。抓住带有影响性、全局性的主要工作，对有创造性、开拓性的特色工作重点着笔，力求详尽具体。对日常性、一般性、事务性工作的表述要尽量简略，略做介绍即可。

（3）个性要鲜明。不同的岗位，有着不同的职责要求，即使是相同的岗位，也由于述职者个人的个性差异，其工作方法、工作业绩也不相同。因此，述职报告要突出个性特点，展示述职者的个人风格和魅力，切忌千人一面。

（4）语言要庄重。行文语言要朴实，评价要中肯，措辞要严谨，语气要谦恭，尽量以陈述为主，也可写一些工作的感想和启示，但不得描写、抒情，更不能使用夸张的语言。

（5）态度要诚恳。述职，是向领导和群众汇报工作。写作述职报告之前，应对自己进行认真的、全面的反思，并虚心听取群众的意见，弄清群众的要求，对群众意见较大的问题尤其要如实阐述，以坦诚的胸怀，赢得群众的谅解和支持。述职是接受群众的监督，而不是做报告，这是必须明确的，也是写好述职报告的前提。

【写作实训】

1. 假如你是班干部，请根据相关职责要求，写一篇述职报告。不少于 600 字。

2. 请根据自己专业实习工作岗位的职责要求，联系实际，写一篇述职报告。不少于 600 字。

任务五

市场推广

任务启动

赵华应聘到苏宁电器当一名便携式计算机推销员，他满怀热情地投入工作。可是工作一段时间后，他发现推销效果与同事相差甚远。部门经理告诉他，推销商品不能光靠嘴巴讲，还需要掌握一些产品推广的必要文书，如海报、广告词等，否则难以让顾客信服。广告也不是随便写的，而是要找准产品推广的切入点，找准客户的需求点以及产品的真正卖点等，而这些资料的获取，都离不开市场调查。

【活动一】调查问卷

策略制定一定要以充分的调查为前提，没有调查，就没有发言权。市场调查的基本方法有四种，即普查（全面调查）、抽样调查、典型调查及重点调查。常用的具体方法主要有问卷法、观察法、实验法、资料研究法等。

赵华决定使用最常用的问卷调查法，但是，该调查什么呢？产品？价格？客户？赵华犯愁了，怎样才能把调查的内容具体化呢？

【知识链接】

一、概念

问卷调查法也称问卷法，它是调查者运用统一设计的问卷向被选取的调查对象了解情况或征询意见的调查方法。

二、认识调查问卷

1. 调查问卷的组成

一份完整的调查问卷通常由标题、卷首语、指导语、主体、结束语等部分组成。

2. 调查问题的形式

（1）封闭式——在每个问题后面给出若干个选择答案，被调查者只能在这些备选答案中选择自己的答案。

（2）开放式——允许被调查者用自己的话来回答问题。

【实际操作】

一、如何设计调查问卷

1. 标题

标题应概括地说明调研主题，使被调查者对所要回答的问题有一个大致的了解。

问卷标题应简明扼要，但又必须点明调研对象或调研主题。

2. 卷首语

（1）卷首语主要说明调研意义、内容等，以消除被调查者的紧张和顾虑情绪。

（2）卷首语的说明要力求言简意赅，文笔亲切又不太随便。

（3）卷首语包括以下内容：

1）自我介绍（让被调查者明白你的身份或调查主办的单位）。

2）调查的目的（让被调查者了解你想调查什么）。

3）回收问卷的时间、方式及其他事项。

4）被调查者的背景信息。

3. 指导语

指导语主要是告诉被调查者如何填写问卷。

4. 主体

调查问卷最重要的部分是主体部分，我们可以通过以下步骤来设计主体：

第一步，确定调查目标——“我要调查什么。”

第二步，分解目标，确定子目标——“我打算从哪几个方面来进行调查。”

第三步，设置问题——“我可以设置哪几道问题。”

在设置问题时必须考虑以下几点：

（1）问题的选用。

（2）问题的排列。

（3）问题的表述。

5. 结束语

结束语置于问卷的末尾，一般是用简短的语句，对被调查者表示真诚的感谢，也可以征询调查者对问卷设计和问卷调查本身有何看法和感受。

二、示例

关于便携式计算机消费的调查问卷

您好！我们是苏宁电器市场调查员，受联想公司委托做一个关于IT产品消费的分析报告，您的回答对于日后联想便携式计算机的售价和配置有参考性价值，感谢您抽出宝贵的时间参加我们的问卷活动。

1.您的性别：A.男　B.女

2.您的年龄：A.18 岁以下　B.18 ~ 25 岁　C.26 ~ 35 岁　D.36 ~ 50 岁　E.51 ~ 60 岁　F. 60 岁以上

3.您的文化程度：A.高中及以下　B.大专　C.本科　D.硕士　E.博士及以上

4.您的职业：

A.国家机关、党群组织、企事业单位

B.专业技术人员

C.商业、服务业人员

D.生产、运输设备操作人员及有关人员

E.军人

F.其他

5.您的月薪：A.1000 元以下　B.1000 ~ 3000 元　C.3000 ~ 6000 元　D.7000 元以上

6.您近期有购买便携式计算机的打算吗？ A.有　B.没有

7.您购买便携式计算机的主要用途是什么？

A.游戏

B.专业工作（软件、测绘、设计等）

C.商务

D.外出携带

E.日常使用（影音娱乐、上网、聊天、文档等）

F.其他：________

8.下面是一般人购买便携式计算机的考虑要素，请将您认为最重要的三种要素按照重要性依次递减的顺序写出来：

A.轻便

B.性能配置

C.外观

D.价格

E.品牌

F.性价比

G.售后服务

____

9.您认为在便携式计算机中，哪项功能是您最需要的？

A.红外线

B.蓝牙

C.一键上网

D.无线上网

E.省电，超强的续航能力

G.其他______

10.您最看重便携式计算机的哪些因素？

A.品牌影响力

B.优秀的外观设计

C.综合硬件性能

D.产品做工和生产工艺

E.便携性，可以方便地使用无线网络

F.性价比

G.其他________

11.您愿意购买便携式计算机的理想价位是多少？

A.3000 ~ 5000 元

B.5000 ~ 7000 元

C.7000 ~ 10000 元

D.10000 元以上

12.您觉得您的便携式计算机的显示屏多大最为合适？

A.11 英寸及以下

B.13.3 英寸

C.14 英寸

D.15 英寸及以上

13.哪些原因会促使您选择购买便携式计算机而不是台式机？

A.携带方便

B.可以方便地使用无线网络

C.功能多（蓝牙，无线）

D.性能和台式机差不多

E.时尚，前卫

F.不清楚

14.您对便携计算机的显卡要求是什么？

A.要求不高，集成显卡就可以

B.要独立显卡，价位在 500 元以下

C.要独立显卡，价位在 500 ~ 1000 元之间

D.要较高档次独立显卡，价位在 1000 ~ 2500 元之间

E.要求很高，需 2500 元以上的独立显卡

15.综合您的需求和购买能力，对于便携式计算机的 CPU（只针对英特尔），您所期望的是：

A.要求不高，酷睿单核就行

B.起码得是酷睿双核 T2×××系列

C.要求比较高，要酷睿双核 T5×××系列

D.要求很高，T7×××系列甚至往上

16.您对便携式计算机的重量要求是怎样的？

A.2 公斤以下

B.2 ~ 2.5 公斤

C.2.5 ~ 3 公斤

D.无所谓

17.如果选购便携式计算机你会选择什么品牌？

A.惠普

B.联想（含 Thinkpad 系列）

C.东芝

D.戴尔

E.联想

F.索尼

G.宏碁 (Acer)

H.华硕

I.神舟

J.三星

K.其他＿＿＿＿＿＿

18. 您会选择联想便携式计算机吗？

A.会

B.不会 （选择 B 的请回答以下问题）

您为什么不选择联想便携式计算机？

A.质量问题

B.外观设计

C.性能配置

D.价格问题

E.售后服务问题

F.其他：＿＿＿＿＿＿＿＿＿＿＿＿

19. 您周围的人用联想便携式计算机的大概比例是:

A.0 ~ 20%

B.20% ~ 30%

C.0 ~ 40%

D.50%以上

20.您觉得联想 Ideapad 最吸引人的地方是:

A.Family ID 设计

B.尖端科技的娱乐应用

C.优雅绚丽的外观设计

D.创造三维体验设计

E.对 Ideapad 很少关注

21. 您对便携式计算机有无其他要求?

非常感谢您的参与，谢谢您的合作！祝您生活愉快！

【教学反思】

（1）运用浅显明白的字词句，紧扣调查方向（你想要探究的内容）。

（2）清晰、准确表达你想要了解的内容（避免问题模糊和双重否定句式）。

（3）一个题目只包括一个要点（避免双重含义）。

（4）多角度设问，尽可能提供全面的答案选项(善用“其他”“不清楚”等选项）。

（5）选项具有排他性（单选题不能既能选 A，又能选 B）。

（6）不使用倾向性问题及选项。

【写作实训】

王丹想在振华技师学院北校区校门口处开一个快餐店,此处靠近振华技师学院和育新中学两所学校,有一定的学生资源;另外毗邻二河村和二河工业园区，有一定的工人资源，市场较有潜力，且相对镇中心区域，租金低廉。

但是他没有办法确定这个快餐店的市场大小？周边有哪些竞争对手？还有快餐的品种和价格、消费的目标人群、应该采用的宣传和广告的方式等。

现在请你帮他设计一个市场调查问卷，要求：

1. 市场调查问卷的题目和调查的对象经小组讨论自拟。
2. 必须有明确分工，每组不得超过三人（可以组内配合）。
3. 市场调查问卷的内容必须具有针对性。
4. 市场调查问卷必须符合写作规范，不得敷衍了事。

【活动二】市场调查报告

赵华通过回收市场调查问卷，得到了市场的第一手资料，如顾客喜欢的计算机品牌、价格、功能、硬件配置、外观、尺寸、售后服务等信息，然后他对这些数据进行统计和分析，得出结论，并写成书面形式，就是一份完美的市场需求调查报告了。

【知识链接】

一、概念

市场调查报告是指调查市场、消费者对某种产品的需求及反应情况后，将收集到的材料进行整理，经分析研究，以书面形式呈现出来并指导产品营销或向领导汇报调查情况的一种应用文。

二、特点

1. 真实性

市场调查报告要在占有大量调查数据的基础上，实事求是地反映市场及消费者的需求。

2. 针对性

市场调查报告的调查都是针对和围绕某一产品展开的，一般都以促销为目的。

3. 严肃性

市场调查报告离不开确凿的事实。要对核实无误的调查数据和事实进行严密的分析后得出结论，不可妄加猜测、信口开河，要尽量减少产品进入市场的风险，调查报告撰写得不准确，可能会导致市场活动的失败。

【实际操作】

一、写法

调查报告一般由标题和正文两部分组成。

1. 标题

（1）写法一：是一种比较规范化的标题格式，即“主题+文种”，如“苏宁电器关于便携式计算机需求的调查报告”“关于便携式计算机需求的调查报告”“便携式计算机需求调查报告”等。

（2）写法二：直接揭示调查结论，如“便携式计算机在重庆市场还将热销”；也可提出问题，如“便携式计算机需求市场在重庆前景如何”。

2. 正文

正文一般分前言、主体、结尾三部分。

（1）前言。写明调查的起因或目的、时间和地点、对象或范围、经过与方法，以及人员组成等调查本身的情况，从而得出中心问题或基本结论来。前言起到画龙点睛的作用，要精练概括，直切主题。

（2）主体。这是调查报告主要的部分，这部分详述调查研究的基本情况、做法、经验，以及分析材料中得出的各种具体认识、观点和基本结论。主体部分也是调查报告的核心部分，一般包括三个方面的内容：

1）基本情况。即调查对象过去和现在的客观情况，如发展历史、市场布局、销售情况等。

2）分析和结论。调查所收集的材料并进行科学的分析，从分析中得出结论性意见。

3）措施与建议。根据调查结论，提出相应的措施和建议，必要时供领导决策参考。

（3）结尾。结尾可以提出解决问题的方法、对策或下一步改进工作的建议，还可以总结全文的主要观点。

二、示例

关于便携式计算机需求的调查报告

近段时间，本人对便携式计算机的消费需求情况进行了较为细致的问卷调查，共收集到100份合格调查问卷。调查内容包括顾客喜欢的便携式计算机品牌、价格、硬件配置、外观、尺寸、售后服务等六项，通过对此次调查结果进行分析，基本上了解了消费者对便携式计算机的需求情况，也了解了其购买特点。

关于顾客喜欢的便携式计算机品牌，消费者选择联想的为31%，选择惠普的为21%，选择宏碁的为19%，选择戴尔的为13%，选择华硕的为11%，选择其他的为5%。联想、惠普、宏碁三大厂商占据了七成以上的市场份额。联想在便携式计算机市场的强势地位一时还难以撼动。

关于价格，64%的消费者希望购买4000~6000元的产品，28%的消费者选择4000元以下的产品，仅有8%的消费者追求6000元以上的产品。

关于便携式计算机硬件配置，73%的消费者要求2GB内存；81%的消费者要求320GB及以上硬盘；67%的消费者希望处理器主频为2.0GHz及其以上；52%的消费者选择有摄像头的便携式计算机。

关于外观，79%的消费者选择庄重而时尚的外观设计。

关于显示器尺寸，选择14英寸的占83%，仅有14%的消费者选择12英寸，选择15英寸的只占3%。

关于售后服务，65%的消费者希望上门服务，35%的消费者愿意把便携式计算机送到指定的服务店。

根据以上数据，便携式计算机推销应注意以下问题：

一、选准代理品牌

从调查中不难看出，消费者信任的品牌。几个一线品牌占了市场份额的90%以上，其销量自然也大，其他不知名品牌几乎没有市场。

二、价格定位要准

根据消费者意愿，主推4000~6000元的产品。毕竟消费者付出的是真金白银，价格太低，消费者会怀疑其质量；价格太高，消费者又觉得不太划算。

三、产品硬件配置要厚道

从调查中可以看出，一般消费者是根据处理器、硬盘、内存的大小来判断便携式计算机的优劣。因此，产品销售要紧跟市场步伐，主推具有主流配置的便携式计算机。配置低，消费者会认为其过时而不会考虑购买。

此外，便携式计算机推销，应以 14 英寸产品为主，12 英寸产品为辅，要主动向消费者说明其外观、尺寸、售后方面的优点，从而激发消费者的购买欲望。

从本调查中我们不难看出，要想在便携式计算机销售市场占有一席之地，就要改变以往的全面开花式销售模式，只有主攻几个主要品牌的主打型号的产品，销售业绩才上得去。

【教学反思】

（1）要做好市场调查工作。要根据确定的调查目的，进行深入细致的市场调查，掌握充分的材料和数据，为写作市场调查报告打下良好的基础。

（2）要善于根据主旨的需要对材料进行严格的鉴别和筛选。要分清材料的主次轻重，按照一定的条理，将有价值的材料组织到文章中去。

（3）可从小型市场调查报告入手。小型市场调查报告反馈微观、局部的问题，它们篇幅短小，在形式、写法上很灵活，作为初学者，可以先练习写小型市场调查报告。

【写作实训】

1. 使用活动一的市场调查问卷，小组分工对振华技师学院周边进行快餐店市场调查，对调查结果进行分析和统计，撰写一份市场调查报告。

要求：

（1）对市场调查问卷的分析和统计必须具有针对性，要真正有助于解决快餐店经营的实际问题。

（2）市场调查报告撰写规范，不得敷衍了事。

（3）把调查结果做成 PPT，结合 PPT 进行演讲，每小组 5 分钟。

2. 请在同学和家长中进行液晶电视机消费需求方面的调查，然后写一篇调查报告。

【活动三】 海 报

赵华通过市场调查报告，把顾客对便携式计算机的需求情况告诉市场部经理，为他们公司进哪些品牌、哪些型号的便携式计算机提供依据，更有利于推销产品。

部门经理要求赵华针对即将到来的五一国际劳动节小长假联想便携式计算机促销活动制作一张海报。纸张由商场统一提供，赵华负责上面的文字部分。海报要怎样写才合格呢？

【知识链接】

一、概念

海报是向公众发布有关商品展销、文艺活动、体育比赛、学术报告等活动消息的一种招贴性应用文。

海报通常张贴在相关的较为醒目的活动场所，告知公众有关活动的事项。海报大多配以美术设计，使之醒目、美观，目前在商品推广中应用广泛。

二、特点

1. 广告宣传性

大多海报经过美术设计，具有吸引力。海报可以在媒体上刊登、播放，但大部分是张贴于人们易于见到的地方，广告色彩极其浓厚。

2. 商业性

海报大多是为某项商业活动做宣传，借以吸引消费者，其目的往往是促销。当然，学术报告类的海报一般不具有商业性。

【实际操作】

商场已提供专门的纸张，赵华仅负责上面的文字部分，所以只要掌握海报的基本要素，不难写出一份合格的海报。

一、海报的写法

海报一般由标题、正文和落款三部分组成。

1. 标题

海报的标题写法较多，大体可以有以下一些形式：

（1）单独由文种名构成，即在第一行中间写上“海报”字样。

（2）直接由活动的内容作为题目，如“疯狂周年庆”“低价促销”“购物有大礼”等。

（3）可以是一些描述性的文字，如“粽香”（粽子促销海报）、“激扬红五月，真情在我心”等。

2. 正文

海报的正文要求写清楚以下一些内容：

（1）活动的目的和意义。

（2）活动的主要项目、时间、地点等。

（3）参加的具体方法及一些必要的注意事项等。

3. 落款

要求署上活动主办单位的名称及海报的发文日期。

以上是海报的一般格式，在实际使用过程中，有些内容可以少写或省略，特别是促销海报，如超市促销海报，多以图片代替。

二、示例

赵华所拟海报如下：

联想与你同在

联想十周年庆，真情回馈消费者

即日起在××数码城购买联想便携式计算机

送 399 元大礼包

活动时间：5 月 1 日—5 月 3 日。

不见不散

苏宁电器

2014 年 4 月 30 日

【教学反思】

（1）海报一定要具体真实地写明活动的地点、时间及主要内容。文中可以用些鼓动性的词语，但不可夸大事实。

（2）海报文字要求简洁明了，篇幅要短小精悍。

（3）海报的版式可以做些艺术性的处理，以其醒目、热烈的风格吸引观众，还可以根据内容配以适当的图案或图画，增强感染力。

【写作实训】

1. 中秋节即将到来，请你为××超市拟一份月饼促销广告。
2. 请为××超市 2014 年年货展销会设计一份海报。

【活动四】广告词撰写

经理告诉赵华，酒香不怕巷子深的年代已经过去，推广产品还要会吆喝，要会给产品做广告，做广告首先要会写广告词。他要求赵华给联想便携式计算机撰写两条质量较高的广告词，考验一下他的能力。

【知识链接】

一、概念

广告词，是指通过各种传播媒体向公众介绍商品或者服务，推销某种观念或行为准则的宣传用语。

广告词可分为商业广告词和公益广告词。注意，广告词不等于广告，只是广告的语言文字部分。本文重点讨论商业广告词。

在生活中，不乏因一句广告词而让产品为公众所熟知的例子，如雀巢咖啡的广告词“味道好极了”，让雀巢咖啡家喻户晓，可见广告词的重要。

二、商业广告词写作要求

1. 内容真实

真实是广告的生命，生产商和经销商发布虚假广告违法，轻则失去消费者的信任，重则导致生产者身败名裂。所以，广告词内容必须真实。

2. 主题鲜明

广告的标题是对广告正文的高度概括，它所概括的广告主体和信息必须鲜明集中，人们看到它就能理解广告主要宣传的是什么厂家的什么产品。例如，“维维豆奶，欢乐开怀”，品牌和产品，一目了然，而“××集团，我心飞翔”则不知所云。

3. 语言生动简洁，朗朗上口

广告文字必须生动，要清楚简单、容易阅读，符合潮流，内容又不太抽象。广告语应使用诉求对象熟悉的词汇和表达方式，使句子流畅、语意明确。适当讲求语音、词语、音韵搭配等，这样才能可读性强，才能一下子深入人心。例如，“农夫山泉，有点甜”“好空调，格力造”等。

【实际操作】

赵华一方面认真思考联想便携式计算机的特点，一方面研究广告词的撰写方法，力求写出让经理满意的广告词。

一、写法

（1）可以运用对偶、对比、比喻、设问等修辞手法，让生动形象的文字准确表达意图，言有尽而意无穷。例如，中国联通广告词“情系中国结，联通四海心”，就运用了对偶的修辞手法。

（2）可让句子押韵，更易上口。例如，某钻石品牌的广告词“钻石恒久远，一颗永流传”。

（3）可借用典故、歌谣、俗语等。例如，某汤圆广告词“卖汤圆，卖汤圆，一碗汤圆满又满，吃了汤圆好团圆”；还有某打印机广告“不打不相识”等。

二、示例

赵华撰写了三条联想便携式计算机广告词：

（1）联想便携式计算机，让您联想无限的老朋友。

（2）不出户，知天下；不窥牖，见天道——联想便携式计算机。

（3）我可以没有计算机，但我不能没有联想！

【教学反思】

（1）广告词用语要规范，雅俗共赏。广告需要面对最大多数群众，因此广告词用语要特别注意，用词不可庸俗，语气不可居高临下。

（2）广告词应力求新颖。广告词要吸引大家的眼球，让人过目不忘，但不可偏激和媚俗。

（3）广告词内容要真实。广告词写作应实事求是，不能发布虚假广告，以免引起不必要的麻烦。

【写作实训】

1. 请给你经常购买的食品（如薯片、木糖醇、巧克力、饮料）拟一则广告词。

2. 重庆嘉陵集团要为其生产的嘉陵摩托车征集一条广告词，请你代拟。

任务六

日常文书

任务启动

2014 年 3 月 6 日（星期二）早晨，长丰医疗器械公司财务部助理陈小刚于早上 8:30 分准时到公司上班。他先到行政部领取了 10 本 18 栏明细账本和两个印台。刚回到财务部接收完下属营业部的年度财务报表，他就接到妈妈的电话：爸爸突然中风入院了，妈妈正在省人民医院等他拿钱去办入院手续。

于是，陈小刚把去中金审计师事务所取公司审计报告的事委托给同事曾蓉，然后征得领导同意，在公司出纳处借了 10 000 元钱，并写了请假条给财务部张经理后，又到银行取出了自己仅有的 15 000 元存款就直奔省人民医院了。

到了医院才知道办理住院手续要交 30 000 元钱，于是他想到了家离医院不远的表哥。等他赶到表哥家时已经是 11 点了，不巧的是表哥正好外出了。他匆匆地写下一张请表哥帮忙筹钱的纸条后又回到医院。陈小刚在城里没有什么亲戚，表哥又一时联系不上，他急出了一身汗。这时他突然想起曾经和该医院主管财务的陈敏副院长一起开过一次研讨会，而且他们是同乡。在陈副院长的帮助下，陈小刚终于为父亲办理好了入院手续，不足的那 5000 元钱则由陈副院长担保，由陈小刚向医院签下字据。

【活动一】条据

事情紧急，陈小刚办理好请假手续，又跟同事交接完工作，就匆匆赶去照料病重的父亲了，途中还要想尽各种办法筹集办理住院手续所需的钱。

同学们，陈小刚这一天需要完成哪些条据写作呢？

【知识链接】

一、概念

条据是作为某种凭据的便条。它是日常生活中最常见而又最简便的应用文。常用的条据有请假条、留言条、收条、借条、领条等。它们都有一个固定的格式。

二、种类

条据可分为凭据类和说明类两类。

（1）凭据类条据有：领条、收条、借条、欠条。

（2）说明类条据有：托事条、请假条、留言条。

三、写法和要求

1. 标题

在第一行中间写“收条”“领条”“欠条”“借条”“发条”“今收到”“今领到”等，表现条据的性质。如果是代收或代领等，则在“收到”或“领到”等的前面加上一个“代”字。

2. 正文

第二行开头写对方（个人或单位）的名字或名称。然后写物件名称、数量或金额。数量、金额均要用大写数字书写，金额后面要写上“整”字，以防添加或涂改。

正文写完后，另起一行，空两格写“此据”二字，也可省略不写。

3. 落款

在条据的右下方写明所在单位的名称和经手人姓名（盖章），以及立下条据时的年、月、日。

【实际操作】

一、写法

1. 请假条

第一行居中写上“请假条” 为标题，下面一行顶格写对方称呼，后面加冒号，再另起一行空两格写正文。正文结束后另起一行空两格写“此致”，然后在另起一行顶格写“敬礼”，以示礼貌。最后，在右下角署名并在署名下方写上具体时间（年、月、日）。

2. 借条

在正文上方居中写上“借条”或“今借到”作为标题。正文写明从哪里得到什么财物或钱款，写清数量、品种、型号、式样、规格等，写明归还的具体日期或大致时间。落款要写上借钱物者的单位名称和经手人姓名，必要时加盖公（私）章。在署名下方写上借钱物的具体时间，年、月、日要写齐备。

3. 领条

居中写上“领条”或“今领到”作为标题。正文另起一行空两格写起，主要写明从哪里领取，领取什么，数目多少，写清数量、品种、型号、式样、规格等。落款要写上领物者的单位名称和经手人姓名，必要时加盖公（私）章。在署名下方写上领物的具体时间，年、月、日要写齐备。

二、示例

请 假 条

张经理:

由于我爸爸突然中风入院，急等我送钱过去办理住院手续，故需请假半天，请予批准为盼！

陈小刚

2014 年 3 月 6 日

借 条

今借到长丰医疗器械公司人民币壹万元整，半年内归还。

此据

立据人：陈小刚

2014 年 3 月 6 日

领　　条

今领到公司行政部发的18栏明细账本拾本，印台两个。

此据

经手人：陈小刚

2014年3月6日

【教学反思】

一、请假条

请假条一般应在事先写好，及时送给有关负责人，如果事发突然，事后一定及时补上。

二、借条

借条所列钱物归还后，一定要把借条收回并撕毁。

三、领条

领条和收条都可以作为收到钱款的凭证，但如果是他人送来或归还的东西，应该出具收条而不是领条。

【写作实训】

1. 陈小刚还有收条、欠条、留言条、托事条没有完成，请你以小刚的身份，帮他完成这些条据的书写。

2. 下面这幅漫画反映出人们写作条据存在哪些问题？

【活动二】 申请书

陈小刚在公司担任财务部助理一职，公司办公地点在市区，陈小刚的老家在××省××市，公司离家比较远。陈小刚是一个独生子，年迈的母亲没办法一个人照料瘫痪在床的老父，小刚每天都处于焦虑和愧疚当中。为了照顾病重的父亲，小刚想换一个办公地点离家近一点的工作岗位。刚好分公司还缺一名财务，而且办公地点就在他家附近，因此他打算给公司领导写一封申请书，申请换岗。

【知识链接】

一、概念

申请书，也称申请，是个人或集体向组织、机关、企事业单位或社会团体表述愿望、提出请求时使用的一种文书。

二、特点

申请书是请求满足要求的文书，在语言使用上要符合下对上的行文标准，按照书信的格式来行文。

申请书内容单一，一事一议。

【实际操作】

这天，陈小刚回到办公室，开始写工作换岗申请书。

一、写法

申请书由标题、称谓、正文、结语和落款组成。

1. 标题

一般可直接用“申请书”做标题，也可在前边加上事由，如“转正申请书”“工作换岗申请书”，居中写在正文上方。

2. 称谓

另起一行，顶格加冒号写明接受申请书的部门、组织或有关负责人的姓名。

3. 正文

开门见山向领导、组织提出申请什么，为什么申请，申请的目的、意义，以及自己对申请事项的认识、决心和态度。

4. 结语

在结尾写表示敬意的话或表示感谢和希望的话，如“此致敬礼”“望批准”等。

5. 落款

在右下方署名，并在署名下面注明行文日期。

二、示例

工作换岗申请书

尊敬的领导：

我叫陈小刚，今年22岁。现在公司财务部担任助理一职。我在2013年进入公司，一年来，在公司各级领导的大力支持和同事们的热情帮助下，工作和业务能力取得了很大的进步，比较圆满地完成了领导交办的各项工作任务。今年×月，我的父亲中风瘫痪在床，不能自理，而我母亲年事已高，不能独自照料父亲。我是家中唯一子女，照顾父母是我不能推卸的责任，由于本人家住××省××市，离公司办公地点较远，我因此非常困扰，对工作产生了一定影响。为了能照顾父母，更好为公司努力工作，特申请调往××省××市分公司财务部。

请领导批准为谢。

陈小刚

2014年12月9日

【教学反思】

一、申请事项

简明、扼要，理由充分，不能含糊其辞。

二、申请理由

建议从多个方面、几个阶段谈认识，应具体详细，态度诚恳，把握分寸。

三、申请语言

朴实准确，简洁明了。

【写作实训】

1. 你是学校舞蹈社社长，学校马上就要举行 2014 年元旦文艺会演，你们社需要借系里的舞蹈室用来排练节目，请你给系里写一份功能室使用申请书。

2. 以下这幅漫画反映出什么问题？

【活动三】委托书

陈小刚申请换岗成功后，成功调离本市，回到外省老家的分公司上班，所以他在市区的一套房子就空出来了。他想把房子租出去，但由于两地距离非常远，来回又不方便，于是就授权给亲戚陈诚，让他来帮忙照看房子。为了让陈诚办起事来更名正言顺，陈小刚起草了一份房产委托书。

【知识链接】

概念

任何人（或单位）若有意授权他人代表自己行使自己的合法权益，或代替自己处理某些事项，可签立一种称为“委托书”的文书，它表明委托人与受委托人之间的委托关系和委托权限。

这是一种书面凭证，有时也是一种民事法律文书。

【实际操作】

一、写法

委托书分为首部、正文和尾部三部分。

1. 首部

（1）写明文书标题："委托书"，居中写在正文上方。

（2）写明委托人、受委托人的基本情况，包括姓名、性别、居民身份证号码、联系方式等。

2. 正文

（1）具体委托缘由及事项。

（2）委托范围及期限。

3. 尾部

（1）委托人与受委托人亲笔签名或盖章。

（2）委托日期。

二、示例

房产代理委托书

委托人：陈小刚　　性别：男

居民身份证号码：××××××××××××××××××

受托人：陈×　　性别：男

居民身份证号码：××××××××××××××××××

委托事由：

我拥有位于××市××区××路××花园2栋2号的房产，因本人长期在外省工作，故委托陈×作为我的代理人，代理期限：2014年3月3日至2015年3月3日，代理如下事项：

一、全权办理出租上述房产有关手续，代为签署上述房产租赁合同、收取租金，代理人有权选择承租方并确定租赁价格。

二、管理上述房产，代为支付该房产有关水、电、物业管理、燃气、有线电视、电话、网络以及相关费用。

委托人在其权限范围及代理期限内签署的一切有关合法文件及办理的相关手续，我均予承认。但委托人无转委托权。

委托人：　　　　　　　　被委托人：

年　月　日　　　　　　　年　月　日

【教学反思】

（1）言辞谨慎，关系清楚。

（2）格式明确，用语书面。

（3）权属分明，时效确定。

（4）各项内容须手写（复印）在同一页纸内，由两张纸或以上构成的，一般属无效委托。

（5）相关部门必须凭委托书办理手续，并留存相关委托书存档。

（6）无论是格式文本还是非格式文本，委托书必须要有委托人与受委托人的亲笔签名或盖章。

（7）委托的期限一定要写明起止时间，不写起止时间，容易引起争议。

（8）特别授权委托书如果是公民之间，应当办理公证，以确保委托行为的真实性、合法性。

【写作实训】

1. 王刚在江苏镇江某企业工作，因工厂生产任务重，不能回学校领取毕业证，只得委托在老家的同学刘真替他领取。就此情景，请你代王刚写一份委托书。

2. 假如你开了一家汽车维修店，又经常在外联系业务，想把店里的事情交给某员工处理，请你写一份委托书。

3. 假如你长期在国外生活，老家的一处房产请亲戚代管，请你写一份委托书。

【活动四】感谢信

陈小刚的父亲在家人的悉心照料下，身体逐渐恢复。得知事情发生的当天，是在陈敏副院长的担保下，才得以顺利入院治疗，获得了难得的抢救时机，陈父非常感激。由于回到了老家，他为还没有当面给陈副院长致谢而感到遗憾，陈小刚提醒父亲，咱们可以给陈副院长的单位写一封感谢信，陈父也觉得可行，然后，写感谢信这个任务就交给了陈小刚。

【知识链接】

一、概念

感谢信是重要的礼仪文书，是向帮助、关心和支持过自己的集体或个人表示感谢的专业书信，有感谢和表扬双重意思。

二、特点

真实性、公开性、真挚性、表达方式多样性。

【实际操作】

一、感谢信的格式

（1）标题：“感谢信”或“致……的感谢信”，居中写在正文的上方。

（2）称谓：一般写对方单位的领导。顶格书写在标题下一行，后面加冒号。对方名称前可加上修饰语，如“尊敬的”等。

（3）正文：正文在称谓下一行空两格书写。内容主要写两层意思，一是写感谢对方的理由，即“为什么感谢”，二是直接表达感谢之意。

1）感谢理由。首先准确、具体、生动地叙述对方的帮助，交代清楚人物、时间、地点、事迹、过程、结果等基本情况；然后在叙事基础上对对方的帮助做恰当、诚恳的评价，以揭示其精神实质、肯定对方的行为。在叙述和评价的字里行间要自然渗透感激之情。

2）表达谢意。在叙事和评论的基础上直接对对方表达感谢之意，根据情况也可在表达谢意之后表示以实际行动向对方学习的态度。

（4）结尾：写上表示敬意的词语，如“此致　敬礼”；也可表示祝愿。方式可以灵活多样。

（5）落款：署名和日期。

二、感谢信的写作要求

感谢信是书信体。写作时应篇幅短，一般200字左右即可；对收信人为自己做的好事要了然于胸，不要有所遗漏；要把对方给你带来的好处都写清楚，不要含糊其辞；表示感谢的话要合乎交际往来的习惯，语气不应过于卑屈。谢意之外，如果允诺别人什么应切实可行，能说到做到。

三、示例

感　谢　信

尊敬的××医院领导：

金秋十月，是收获的季节。首先我代表全家送上对贵院最真挚的祝愿，祝贵院事业蒸蒸日上，在医学科学领域里取得更大的成绩。

此刻，作为一个病患家属，我怀着激动的心情表达对贵院的无限感激之情，尤其是对陈敏副院长及全体医护人员的衷心感谢。在我父亲住院的近一个月时间里，陈副院长以及××医院的医生们用无私的爱心和高尚的医德为我的父亲解除了痛苦，使他恢复了健康。

今年3月6日的早晨，我父亲中风入院。当时情况十分危急，当我赶到医院时，才知道自己所带的钱不够。这时，我联系了仅在某次研讨会上见过一面的陈敏副院长，在听完我的讲述后，本来在家休息的陈副院长，马上来到医院，为我们做了担保，补足了5000元的手术费。当时由于时间紧急，我们甚至连一张欠条都没有给陈副院长写下。面对着相当于陌生人的我们，陈副院长是那么热心，他亲自带领我们去办手续，亲自安排好手术，耐心地安抚了在恐惧与伤感中挣扎的母亲，直到父亲抢救成功，病情稳定下来才离开。后来我们才从值班护士那里得知，陈副院长昨晚连夜完成了一个大手术，刚刚回到家，还没有来得及休息，就匆匆赶来。正是由于他的热情帮助，我的父亲才能重获新生，我的家庭才能幸福美满。

现在，没有了病痛的折磨，我的父亲已经出院了。在老家的父亲一直惦念着帮了我们家大忙的陈副院长，一直想当面致谢，在此，我代表我们家对医院全体医护人员表示最衷心的感谢。同时，我还要感谢医院的领导，感谢你们培养出像陈副院长这样优秀的医生和这样优秀的队伍。最后，让我发自肺腑地说一句：祝愿陈敏副院长和××医院的全体医护人员身体健康、万事如意、全家幸福！

患者家属：　陈小刚

2014 年 10 月 11 日

【教学反思】

一、内容要真实

感谢信的内容必须真实，确有其事，不可夸大其辞。感谢信以感谢为主，兼有表扬，所以表达谢意时要真诚，说到做到。评誉对方时要恰当，不能过于拔高，以免给人一种失真的印象。

二、用语要适度

感谢信的内容应以主要事迹为主，详略要得当，篇幅不能太长，所谓话不在多，点到为止。感谢信的用语要求是精练、简洁，遣词造句要把握好一个度，不可过分雕饰，否则会给人一种不真实、虚伪的感觉。

【写作实训】

龙翔外语学校学生王阳不久前不幸被确诊患了白血病，急需治疗费 20 多万元。王阳的家长是工薪阶层，一时负担不起如此巨额的医药费，焦急万分。得知这一消息后，该校领导、师生纷纷主动捐款，连一些外籍老师也慷慨解囊。在《爱的奉献》的歌曲声中，该校领导将全校捐赠的第一笔现金三万零伍佰肆拾元交给了王阳的家长。王阳的家长感激万分，请以王阳家长的名义给龙翔外语学校写一封感谢信，字数不少于 250 字。

参考文献

[1] 赵军花. 应用文写作教程[M]. 2 版. 上海：立信会计出版社，2005.

[2] 先国武. 应用文写作基础：修订版[M]. 成都：四川大学出版社，2003.

[3] 郭光华. 新闻写作[M]. 北京：中国传媒大学出版社，2006.

[4] 文渊. 最新现代应用文写作技巧与标准范例[M]. 北京：中国经济出版社，2004.

[5] 周晓波. 中职实用应用文写作[M]. 重庆：重庆大学出版社，2012.

[6] 张武华，谢伟芳. 最新应用文写作[M]. 北京：中国经济出版社，2004.

[7] 刘大林. 现代实用文写作[M]. 成都：西南财经大学出版社，2006.

[8] 陈耀南. 应用文概说[M]. 香港：山边出版社，1996.